과연, 누가
공산주의자
인가

과연, 누가 공산주의자 인가

전설의 공안검사
고영주 자유민주당 대표
직관적 강의 15

고영주 지음

자유민주아카데미

자유민주주의
수호를
위하여

문재인 정권을 겪으면서, 또 2020년 4.15 총선 이후 우리나라에서 자유민주주의 체제를 지키기 위해서는 기회주의 가짜 야당인 국민의힘만으로는 안되고, 진정한 자유우파 정당이 있어야 되겠다는 판단을 했습니다.

그리하여 광화문 태극기 집회에 참여하는 대형 애국단체 12개를 중심으로 2021년 3월 15일 자유민주당을 창당하기에 이르렀습니다.

그렇지만 정치 활동이라는 것에 우선해서 국민들 중 상당수가, 이미 종북좌익 세력들의 의식화 작업과 선전선동의 영향으로, 친북반미 좌경의식화되어 있는 상태에서 이를 되돌려놓기 위한 노력을 하지 않는다면 자유우파 애국세력들은 손도 제대로 써보지 못하고, 또 투쟁다운 투쟁도 해보지 못한 채 자유민주주의 체제를 잃게 되겠다는 걱정을 하게 되었습니다.

자유민주당은 당원들의 이념 교육을 중요과제로 생각하였고, 그래서 2022년 5월 〈자유아카데미〉를 개설하였습니다. 처음 3회째까지는 제가 80분씩 시간을 받아 강의를 하고 질문답변도 하였는데, 수강생이 겹치는 경우가 많아 같은 강의를 반복하기도 그렇고 하여 그 다음부터는 매 강의날마다 저는 간단한 인사말만 하기로 하였습니다.

그런데 제 강의를 듣던 수강생들이나, 특히 자유민주아카데미의 이석우 원장께서 외람되게도 제 강의는 우리나라 전 국민들이 반드시 들어야 되고, 알아야 되는 내용이라며 책으로 내자는 제안을 해왔습니다.

그러나 이념 관련 책을 펴내서 몇 권이나 팔리겠느냐, 괜히 쓸데없이 출판비만 까먹게 되면 어떻게 하느냐고 그 제안을 거절하였습니다.

그런데 얼마 후에 이석우 원장께서 프린트물을 가져와서 교정을 봐달라고 하였습니다. 그래서 보니 제 강의내용을 녹취해서 편집초안을 만들어 온 것이었습니다.

처음부터 출판을 할 생각으로 체계적으로 정리한 것이 아니고, 수강생 들에게 알리고 싶었던 강의 내용들을 녹취해 놓은 것이니만큼 중복이 되는 내용이 꽤 있었습니다.

그렇지만 하나 하나의 강의 성격상 필요한 것이기도 하고, 그 때마다 새로운 사실이 덧붙여져 있어서 전반적인 강의 내용을 이해하는데 도움이 될 것 같기도 하여 중복된 내용도 빼지 않고 강의 순서대로 편집해 출판하기로 했음을 양해해 주시기 바랍니다.

그리고 본 저서에서는 80분 강의내용 뿐만 아니라, 매 강의날 인사말에서 말씀드린 내용이나 용산 대통령실 옆 삼각지 등 집회에서의 연설문, 국립현충원에서의 박정희대통령 추도사, 자유와 연대 창립 축사 등도 실려 있습니다.

형식은 어쨌든 전부 이념 문제, 국민 의식 문제 등과 관련된 내용이니 부담없이 참고해 주시기 바랍니다.

　아울러 이 책은 전적으로 자유민주아카데미 이석우 원장의 주도로 펴내게 되었음을 말씀드리며, 생각지 않게 제 명의의 책을 출판하게 된 데 대하여 한편으로는 부끄럽기도 하고, 한편으로는 뿌듯하기도 합니다.

　다시 한번 더 이석우 원장과 편집에 함께 수고해 주신 이종복님께 감사를 드리며, 이 원장님 말씀대로 이 책이 우리 국민들의 이념 교재로서 공산주의의 실체를 알리고 국민들의 정치의식 수준을 향상시키는데 조금이라도 도움이 되기를 바랍니다.

　감사합니다.

2023년 11월

고 영 주

차례 ━━━

자유와 연대

01

Part

좌경의
실체

1강

좌경이념의 실체

오늘 제1강좌는 자유민주당의 대표이신 고영주 변호사님을 모시고 강연을 청해 듣도록 하겠습니다. 부탁드립니다.

방금 소개받은 고영주 변호사입니다.

1989년에 미국 스탠퍼드 대학 국제학연구소의 정치학자인 프랜시스 요시히로 후쿠야마 교수가 <역사의 종말(1992)> (이상훈 역, 한마음사)이라는 책에서 "이제 체제 전쟁은 끝났다."고 선언한 일이 있었습니다. 그리고 곧이어서 소련이 붕괴되는 세계정세의 변화가 잇따랐고, 그걸 공산주의의 멸망을 예언했다고 해서 굉장히 유명해졌습니다.

그러나 제가 보기에는 후쿠야먀 교수가 공산주의의 실상을 제대로 파악하지 못한 것 같아요. 공산주의와의 투쟁에 있어서 그렇게 쉽게 체제 전쟁이 끝났다고 단정할 일이 아니라고 생각합니다.

저는 경험을 통해서 공산주의의 행태와 속성을 나름대로 꿰뚫어

보고 있는 입장이라, 이끼 앞서 강의에서 이인호 박사님께서도 말씀하셨지만, 공산주의자들은 전부 기만적 정의와 위장된 공평을 내세우며 사기행위를 하는 자들이라고 봅니다.

그래서 저는 공산주의 이론과 이념은 모두 '사회적 약자를 이용하여 정권을 획득하려는 사기극'이라고 제 나름대로 정의를 내렸습니다. 그런데 그 뒤로 이 정의에 대해서 틀렸다고 이의를 제기하는 사람을 못 봤습니다. 맞을 겁니다.

그러면 왜 사람들이 이게 사기인 걸 알면서도 거기에 속아 넘어가느냐 하면, 이 사기 수법이 워낙 기기묘묘하기 때문에 그렇습니다.

그럼 어떤 방법으로 사기를 치느냐, 사기를 치는 방법이 크게 5가지입니다.

제일 첫 번째, 공산주의 이론은 '이중 구조'로 돼 있습니다.

우리가 알고 있는 공산주의 이론은 전부 '공산주의 선전 이론'일 뿐이고, 실제로 자기네들한테 적용하는 실천 이론은 따로 있습니다.

이 '공산주의 실천 이론'은 소련이라든지 북한과 같은 국가에서 내부적으로만 적용이 되고 밖에는 안 나타납니다.

이게 **첫 번째 사기 수법**입니다.

그리고 **두 번째는 '용어 혼란 전술'**을 씁니다.

예를 들어서 우리는 '민족'이라 그러면 '한겨레'라는 뜻으로 얘기하는데, 북한에서는 민족이라는 말을 하게 되면 배타적 의미가 전제되면서 '주한미군 철수'라는 가려진 음모가 그 안에 들어가 있습니다.

‘평화’ 그러면 우리는 ‘전쟁이 없는 상태’라고 생각하는데, 북한에서는 평화 그러면 ‘온 세상이 공산화돼 있는 상태’를 평화라고 그럽니다.

‘우리 민족끼리 평화를 이루자.’ 그러면 ‘주한미군을 몰아내고 전국을 공산화하자.’라는 뜻으로 쓰이는 것입니다.

이것이 바로 용어 혼란 전술입니다.

그다음에 세 번째가 ‘궤변’을 씁니다.

궤변은 이게 “언뜻 들으면 그럴듯한데 자세히 따져보면 진실이 아닌 것으로, 사람의 사고를 혼란시켜서 진실인 것처럼 믿게 하는 수법을 궤변이라고 부릅니다.

옛날에 그리스 때 소피스트들이 논쟁에서 무조건 이기기 위해 쓰는 수법입니다.

그러니까 예를 들어서 토끼가 거북이보다 두 배 빠르다고 그러면은, 이렇게 얘기합니다.

‘거북이가 50m 앞에서 출발하면 토끼는 절대로 거북이를 따라잡을 수 없다.’

이게 궤변 아닙니까. 사고를 혼란시키는 거죠. 어떻게 혼란시키느냐.

거북이가 50m 앞에서 출발하니까 토끼가 50미터를 따라가면 거북이는 25m 앞에 가 있고, 또 토끼가 25m를 따라가면 거북이는 12.5m 앞에 가 있고 또 토끼가 12.5m를 따라가면 거북이는 6.25 미터 앞에 있고, 이래서 평생 토끼는 거북이를 따라갈 수 없다, 이렇게 언뜻 들으면 그런가 보다 하고 생각하게 되는 것처럼 사람들의 사고를 혼란시키는 방법으로 이렇게 목적을 이루는, 즉 거짓을 참인 것처럼 믿게 만드는 것이 궤변의 수법입니다.

그 다음에 네 번째 사기 수법이 '억지'입니다.

어떤 억지를 쓰느냐, 예를 들어서 말씀드리겠습니다.

주체사상을 말할 때 시작을 어떻게 하느냐 하면,

처음에는, "사람은 자연의 주인이요, 사회의 주인이요, 자기 운명의 주인이다. 그래서 우주 만물 중에서 가장 고귀한 존재다."라는 식으로 자락을 깔아 말합니다. 그럼 여기까지 틀린 말이 어디가 있습니까.

특히 주체사상이 우리 국민들의 가슴에 확 들어맞는 것은, 이게 원래 우리 민족 고유의 사상인 인내천 사상과 부합하는 표현이기 때문입니다.

그러니까 '딱 맞는 소리를 한다'고 생각을 하게 돼 있어요.

그런데 다음 단계로 두 번째 가서는 뭐라고 그러느냐 하면, "인간은 왜 태어났고 사람은 왜 사느냐?"라는 의외의 화두를 던집니다.

거기에 대해서 뭐라고 엉뚱한 대답을 하느냐 하면 "사람은 혁명을 위해서 태어났고 혁명을 위해서 산다."라고 단정을 해버립니다. 이런 억지가 어디 있습니까.

그리고 북한에서는 인간과 사람을 구별합니다.

인간은 생물학적인 존재로서 인간이고, 사람이라 그러면 이것은 계급투쟁 의식으로 각성된 인간을 사람이라고 그래요. 그러니까 인간과 사람이 달라요.

길거리에서 '사람이 먼저다'라는 현수막이 걸린 걸 본 적이 있는데, 좌파단체가 걸어 놓은 현수막 내용을 무심코 생각하면 안전을 위해 차보다 사람이 먼저인 줄 여기지만, 이런 구호들에 보통 일반인들을 의식화하려는 그들의 숨은 뜻이 있다는 걸 누가 짐작하겠습니까?

지난번에 우리 헌법을 개정하려고 그럴 때 국민이라는 용어를 사람으로 바꾸려고 했던 것은, 이 계급투쟁으로 각성된 인간만을 사람이라고 하기 때문에, 그런 의미로 사람이란 용어로 바꾸려고 그랬던 겁니다.

이제 마지막으로 **다섯 번째**가 '반복 선전'입니다.

좌익들은 정권을 잡으면 무조건 언론기관을 장악합니다. 그래서 끊임없이 세뇌 작업을 시킵니다. 거짓말이라도 같은 얘기를 10번, 100번 하면은 다 진실처럼 믿게 돼 있습니다.

그래서 이런 좌익들의 사기 수법 때문에 일반인들은 그걸 알아채기 어렵습니다.

요스트 A.M.메이를로(2023.03.30.)〈세뇌의 심리학〉(신기원역, 에코리브로)이란 책에 수록되어 있는 내용 한 토막을 소개하겠습니다.

6·25 때 중국 공산군에 포로로 잡혀갔던 미국 해군 대령 프랭크 H 슈와블이 본국에 송환된 후 군사법정에서 진술했던 세뇌와 관련된 유명한 일화입니다.

"말은 내 것이지만, 생각은 적들의 것이었다. 거짓을 어떻게 내 입으로 말했겠는가. 나 자신도 설명하기 어려운 부분이다."

그가 포로로 있던 상태에서 미국이 세균전을 펼쳤다는 허위 자백을 하도록 세뇌되어 자신의 진정한 의지와는 상관없이 구술했다는 내용으로서, 세뇌는 일종의 '정신적 살해'의 압박으로서 인간의 정신이 무너지면 동물처럼 행동할 수도 있다는 사례를 보여줍니다.

이인호 박사님께서는 이승만 대통령이 <공산당의 당부당>이란 논문에서 "공산주의가 이론적으로 잘못됐다"라는 것을 아셨다고 했잖아요.

그러니까 당시 아무도 깨우치지 못하고 있는데 이승만 대통령은 공산주의의 모순을 주장하셨다고 해요.

그러니까 이승만 대통령이 대단하신 분이죠.

이승만 대통령은 공산주의의 선전이론만 듣고도 공산주의 이론은 잘못된 것임을 알아차렸습니다. 그러나 대개는 선전이론만 들으면 속아 넘어가게 돼 있거든요. 이것은 학력이나 지능의 문제가 아니고 다 속아 넘어가게 돼 있어요.

속아 넘어가지 않으려면 어떻게 해야 되느냐, 별도로 이념 교육을 따로 받아야 됩니다. 그렇지 않으면 속아 넘어가게 돼 있어요.

그럼 지금은 어떠냐.

1980년대에 명지대학교 윤원구 교수님이 공산주의의 허구성을 밝혀내서 지금은 공산주의가 왜 허구냐, 왜 거짓이냐를 분명히 설명드릴 수 있습니다.

구체적인 내용은 조금 이따가 설명을 드리기로 하고, 우리나라는 그동안에 아까 이인호 교수님께서도 말씀하신 바와 같이 그 '민주화'라는 말을 국민들이 이해하지를 못해 가지고 그래서 우리나라가 멍들었습니다.

반국가적 행위를 한 사람들, 반역 행위를 한 그런 사람들을 전부 민주화 유공자라고 인정하여 돈을 줘서 보상하고, 명예를 회복시켜 주고 그게 큰 훈장처럼 되어 그 사람들이 정치권에 나서고, 지난번 문재인 정부는 완전히 반체제적인 사람들이 정권을 잡고 뒤흔들었던 거 아닙니까. 우리 가치관이 완전히 전도돼 버렸죠.

나라를 지키는 일이 죄악처럼 되고 나라를 부수려는 사람들이 민주화 유공자라고 행세해서 진정한 애국자는 전부 죽게 됐습니다.

민주화를 왜 사람들이 오해하게 되는지를 제가 말씀을 드리겠습니다.

우리 자유민주 체제에서는, 정치적으로는 '자유민주주의'이고 경제적으로는 '자본주의'입니다.

그런데 공산주의는 '정치적으로도 공산주의이고 경제적으로도 공산주의'예요.

아까도 제가 <역사의 종말> 그거는 맞지 않다고 제가 말씀드린 것이, 이 자유민주 체제가 체제전쟁에서 완전히 승리했다고 주장했지만, 끊임없이 자유민주 체제를 무너뜨리려고 하는 세력들이 있기 때문입니다.

그런 세력과 그런 이론이 바로 좌경이념과 좌경세력이예요.

그러면 어떤 식으로 해서 자유민주 체제를 무너뜨리려고 그러느냐. 이 좌경 세력들이 자유민주 체제를 공격할 때 '경제면에서' 즉 자본주의 체제는 공산주의가 공격하기가 아주 쉬운 측면이 있습니다.

자본주의라고 그러면 괜히 어감상, 있는 자가 없는 자를 업신여기는 것처럼 연상하게 되는데, 사실은 그런 뜻이 아닌데도 사람을 좀 무시하는 것 같은 생각이 들잖아요.

그러니까 봐라, 자본주의 체제라는 건 이렇게 인간을 무시하는, 사람을 무시하는 체제다, 이렇게 해가지고 공격하기가 좋은데, '정치적으로' 공산주의 체제는 자유민주주의를 상대로 공격하기가 참 어렵습니다.

왜냐하면 그동안에 정치체제가 원시 공산사회에서부터 고대 노예 제사회, 중세 봉건사회, 근대 자본주의사회로 변해 왔습니다. 그래서 지금 이렇게 자본주의를 바탕으로 변해 가면서 '민주주의'라는 거는 전 국민이 주인이라는 뜻이기 때문에 더 좋은 말을 찾기가 어려워요. 따라서 민주주의라는 것이 여태까지 나타난 제도 중에서는 가장 훌륭한 제도로 다들 이해하고 인식하고 있습니다.

그래서 공산주의를 가지고 민주주의를 공격하기에는 한계가 있으며 이게 승산이 없어요.

그렇다고 이 사람들이 공산주의를 가지고 자유민주 체제를 공격하는 거는 안 되니까 자유민주 체제를 공격하는 걸 포기하겠다, 이렇게 했겠습니까? 포기를 안 하죠. 그럼 어떤 방법으로 공격했겠습니까.

시작은 뭐라고 하느냐면 "우리도 민주주의다." 그래요. 공산주의인데 자기네들이 민주주의라고 그래요.

자기네들이 왜 민주주의냐? 하면 "자유민주주의는 너희들이 국민이 주인인 민주주의라고 그러는데, 우리 공산주의는 프롤레타리아가 주인인 민주주의다."라고 그래요. 그래서 자기네들의 공산주의라는 말을 '프롤레타리아 민주주의'라는 말로 바꿔놨어요.

자기네들 내부적으로는 프롤레타리아가 주인이 돼서 부르주아 계급을 상대로 독재하는 프롤레타리아 독재체제가 지고지순한 정치체제라고 합니다.

그런데 우리 자유민주 체제에 사는 사람들은 독재라는 말을 싫어하니까 내부적으로는 프롤레타리아 독재라고 찬양하면서, 선전이론으로는 '프롤레타리아 민주주의'라고 그래요.

자기네들이 "너희는 국민이 주인인 민주주의이지만 우리는 노동자·농민 등 프롤레타리아들이 주인인 민주주의다."

그러다가 지금 와서는 이제 뭐라고 그러냐면 "처음에는 우리도 민주주의다."라고 시작했다가, 더 나아가서는 "자유민주주의는 가짜 민주주의다. 우리가 진짜 민주주의다."라고 해요. 그게 무슨 소리냐 하면. 그네들의 이론을 보면 자유민주주의라는 건 전 국민이 주인이라는 건데, 주인이 있으면 종이 있는 것이고 지배자가 있으면 피지배자가 있는 것이지 어떻게 전 국민이 주인이 되느냐, 이거는 말만 국민이 주인이라고 해놓고 사실은 소수의 부르주아가 다수인 프롤레타리아를 상대로 독재하는 '부르주아 독재' 또는 '부르주아가 주인인 부르주아 민주주의다.'라고 해요.

그래서 어느 계급이 다른 계급에 대해서 독재를 해야 할 바에는, 소수인 부르주아가 다수인 프롤레타리아에 대해서 독재하는 것보다는 다수인 프롤레타리아가 소수인 부르주아에 대해서 독재하는 것이 더 민주적이다. 그래서 공산주의 즉 프롤레타리아 민주주의가 더 민주적이고 자유민주주의는 가짜 민주주의다. 이렇게 주장합니다.

1980년대 우리 대학생들이 이 이론으로 전부 다 뿅 가버렸어요.

그래서 제가 다시 얘기하면 '아, 그렇구나! 공산주의가 진짜 민주주의구나. 참된 민주주의구나'라고 합니다. 그러나 이렇게 여러분들이 알면 안 되잖아요.

그래서 이것이 왜 거짓말인지를 꼭 말씀을 드려야 됩니다.

아까 공산주의 이론이 이중 구조로 돼 있다고 그러지 않았습니까.

그런데 공산주의 이론을 우리가 알고 있는 건 전부 선전이론이예요.

선전이론이 뭐냐 하면은 "노동자와 농민이 주인이 된다. 계급이 없는 사회다. 능력에 따라 일하고 필요에 따라 분배한다." 또 아까 얘기한 것처럼 제일 발전된 이론으로, "공산주의가 진짜 민주주의"라고 하는 그런 것들, 이런 것들이 선전이론이죠.

그러면 실천이론에 가면은 어떻게 되느냐.

실제로 공산주의는 노동자와 농민이 주권을 가지고 있는 사회인가?

그런데 그네들의 실천이론에 들어가 보면 뭐라고 얘기를 하냐면, '계급 간에 권력을 나눠 가질 수 없다.' '농민을 믿지 말라.' '농민에게는 절대 권력을 나눠 주지 말라.' 이렇게 돼 있어요.

왜 농민한테 권력을 나눠 주지 말라고 그러느냐. 농민은 땅에다가 농사를 짓는 사람이기 때문에 땅에 대한 애착이 강하다는 거예요. 이게 사적 소유에 대한 애착이 있기 때문에 언제든지 부르주아하고 영합할 수 있는 그런 기회주의적 속성을 가지고 있다라는 겁니다.

이것을 쁘띠 부르주아, 쁘띠가 아마도 작다, 이런 뜻인 모양입니다.

쁘띠 부르주아(petit bourgeois)란, 사회 일반 노동자와 자본가의 중간 계급에 속하는 소상인, 수공업자, 하급 봉급생활자, 하급 공무원 따위를 통틀어 이르는 말입니다.

그래서 이 농민을 권력에서 완전히 제외시키라고 그래요.

그러면은 여태까지는 자기네들이 다수가 소수에 대해서 독재하니까 진짜 민주주의라고 그랬는데, 실제로 제일 많은 인구의 농민을 다 제외해 버리면 다수가 소수에 대해서 독재하는 것도 아니죠.

선전이론과는 이런 점에서도 차이가 나는데, 그러면 그것까지는 그대로 용인하더라도 그럼 노동자는 진짜 주인이 될 수 있느냐.

그네들이 아까 궤변을 쓴다고 얘기했죠. 그래서 민주주의 중앙집권제, 약칭 민주집중제라는 궤변을 씁니다.

이 궤변의 내용이 뭐냐 하면, 노동자들이 수백만, 수천만이 되는데, 이 사람들이 어떻든 노동자가 주권을 갖는다고는 했지만, 이 많은 사람들이 어떻게 그 주권을 효율적으로 행사하겠느냐. 그래서 그 주권을 효율적으로 행사할 수 있게 하기 위해서 노동자들의 주권을 공산당에다가 위임한다. 이렇게 위임하는 것이 민주집중제이고 공산주의 조직원리라는 거예요.

그러면 자기 주권을 갖다가 남한테 위임하는 게 말이 됩니까. 억지죠. 아니 억지에다가 나아가 이게 모두 궤변이에요.

공산당한테 맡기면 노동자의 주권을 올바르게 행사할 거다, 효율적으로 행사할 거라는 것이 이게 기만적 궤변이죠.

그러면 공산당은 그러면 주권을 가지고 있느냐. 아니 공산당원은 또 수만, 수십만 명 될 텐데, 이 수만 명이 어떻게 효율적인 주권 행사를 할 수 있겠습니까. 그래서 더 효율적인 주권 행사를 할 수 있도록 하기 위해서 공산당의 주권을 중앙위원회에다가 위임하게 돼 있어요. 이것도 전부 민주집중제의 이론입니다.

그다음에 그러면 중앙위원도 수십 명, 수백 명이 되는데 이 사람들이 어떻게 효율적인 주권 행사를 할 수 있겠습니까. 그래서 효율적인 주권 행사를 하기 위해서 중앙위원회의 주권을 정치국에다가 다시 위임해요. 똑같이 민주집중제의 이론입니다.

그러면 정치국원은 또 수십 명이 되는데 정치국원 사람들이 어떻게 효율적인 주권 행사를 할 수 있겠습니까. 그래서 효율적인 주권 행사를 위해서 또다시 민주집중제가 적용되어 결국에는 하나뿐인 수령에게 위임합니다.

이 주권이라는 것은 한 국가내에서 절대적인 권력입니다. 주권자의 명령에 대해서는 절대로 이의를 제기하거나 거부를 하거나 반항을 할 수가 없습니다. 이건 절대적인 권력이에요.

그래서 공산주의 사회에서는 어느 공산주의나 실천이론에 따라 주권자는 오로지 수령 한 사람 뿐이에요. 효율적인 주권 행사를 위해 이렇게 올라가서 결국은 수령한테 모든 주권을 위임했기 때문에 공산주의 사회에 노동자와 농민이 주권자라고 돼 있지만, 막상 실천 이론에 들어가 보면 노동자와 농민은 주권이 없어요.

그 주권이 어디에 가 있습니까? 수령한테 가 있어요.

실제로 보면 어느 공산주의 국가든지 공산주의 사회는 수령 1인 독재 체제를 갖게 돼 있습니다.

그동안에 우리 사람들이 공산주의 이론이 어떻게 생겼는지는 잘 모르겠고 이해가 안 되는 게 많은데, 내가 이해가 안 되는 건 저게 틀림없이 심오한 이론이기 때문에 그런가 보다 생각했어요.

그래서 왜 지금 모든 공산국가의 체제가 저렇게 1인 독재체제로 돼 있느냐, 수령 1인 독재체제로 돼 있느냐, 설명하기 어려우니까 "공산주의가 이론은 좋은데 현실이 그게 미치지 못하는가 보다." 이렇게 얘기해 왔습니다.

아까 말씀드린 명지대 윤원구 교수님은 공산주의 이론에 아주 통달하신 분이었습니다.

윤 교수님은 대학에서 공산주의 이론을 강의하시는 분인데, 이분께서는 1970년대의 모든 공산주의국가가 수령 1인 독재체제로 되어 있는 것을 보고 '이론은 좋은데 현실이 그게 미치지 못하는 것뿐이다.'라는 말이 납득이 안 되었어요.

자기가 나름대로 공산주의 이론에 통달한 사람인데 "이론이 좋으면 현실 결과도 좋아야지 이론은 좋은데 현실은 미치지 못한다는 게 이게 말이 되느냐." 그래서 공산주의 이론에 뭔가가 비밀이 있다고 판단했습니다.

그래서 이 분이 공산주의 종주국인 소련의 정치학, 경제학 교과서 이런 것을 구해 가지고 다시 공산주의 이론을 공부했습니다.

그리하여 전 세계에서 처음으로 공산주의 이론은 선전이론과 실천이론, 이렇게 이중 구조로 돼 있다는 걸 발견해 냈어요.

그 다음부터 지금의 공산주의 비판 이론 강의가 가능해진 겁니다.

우리가 북한과 이념체계 때문에 분단이 돼 있어 끊임없이 지금도 북한하고 충돌해야 되는데, 우리 국민들한테는 왜 자유민주주의 체제가 좋은지, 왜 공산주의 체제가 나쁜지를 교육해야 됩니다.

그게 다른 나라하고 달라요.

우리나라는 이념으로 분단이 돼 있는 나라이기 때문에 그것을 반드시 국민 된 도리로서 바로 가르쳐야 되는데, 우리나라에서는 그동안에 이념교육을 제대로 시켰느냐 돌아보면, 그 이념교육을 옳게 제대로 못 시켰고 그 까닭은 여러분들이 잘 아시죠.

이런 얘기 처음 들어보시죠.

이념교육을 못 시켰어요. 왜 못 시켰느냐.

첫 번째 이유는 아까 이인호 교수님께서 정확하게 말씀을 해주셨는데, 6·25 전쟁을 겪으면서 우리 국민들은 '공산주의가 나쁘다', '공산당이 나쁘다', '공산주의자가 나쁘다'라는 것을 전부 체득을 해버렸어요. 몸으로 느껴 버렸단 말이에요.

공산주의자들이 말로는 그럴듯하게 하는데, 실제로 보니까 저건 도저히 상종 못할 인간들이라고 인식하게 되었어요. 사람들이 이론상으로는 잘 모르니까 반박이 안 되겠고 그래서 "빨갱이는 몽둥이가 약이다." 이런 말이 그래서 나온 거예요.

저거는 틀린 말인데 왜 틀렸는지를 이론적으로 반박을 못 하겠으니까, "하여튼 빨갱이는 몽둥이가 약이다." 라고 경험에서 우러난 말을 하는 겁니다.

그렇기 때문에 6·25 직후에는 이념교육이라는 것을 따로 할 필요가 없었어요. 국민들이 다 알고 있는데 뭐 따로 이념교육을 해요. 공산주의가 나쁜 건 다 알고 있는데.

그래서 이념 교육을 별로 안 하다가, 그래도 이념 교육이 필요하다는 것을 정부가 잘 알기 때문에 이념 교육 시간을 교과과정에 넣었어요. 윤리, 도덕 이런 게 이념 교육하라고 둔 겁니다.

그런데 그것을 아까 말씀드린 것처럼 공산주의 이론을 가르치라고 했으면 공산주의가 왜 나쁜지를 가르쳐야 될 거 아닙니까. 자유민주주의가 왜 좋은지를 가르쳐야 될 거 아니에요.

그런데 공산주의가 왜 나쁘다고 설명을 할 수 있는 사람이 없었던 겁니다.

그러다보니 도덕, 윤리 시간에 뭘 가르치느냐 하면은 자본론을 설명한다든지, 유물 사관을 설명한다든지, 또 노동 가치설을 설명한다든지, 이런 식으로 공산주의의 선전이론을 가르치는 거예요. 그러면

오히려 공산주의 선전이 되는 거잖아요.

그러니까 공산주의를 찬양 고무한다고 해서 국가보안법으로 강사가 처벌받기도 하고 반공법으로 교도소로 들어가기도 하고 그랬죠.

다시 말해 공산주의 정체를 이해시키려고 하다가 도리어 공산주의에 빠지는 역효과가 나면서, 아예 말썽이 많은 이런 식의 공산주의 이론교육을 아예 들어가지를 말자, 그래가지고 그냥 쭉 방치가 된 겁니다.

그런 상태에서 지금 우리 대한민국 정부가 이념교육을 하지 않는 동안에 1970년, 80년대 대학가를 중심으로 해가지고 전국적으로 친북·반미 좌경 의식화 학습이 시작이 된 겁니다.

정부가 이념 교육을 안 하는 사이에 거꾸로 공산주의가 좋다는 교육이 계속 대학생들에게 번지기 시작해 전교조가 출범한 다음으로는 1989년부터 초·중·고등학생들을 상대로 그런 엉터리 이념 교육을 한 꼴이 돼, 헌법정신과는 정반대의 이념교육을 해온 거죠.

다행히도 그 윤 교수님이 공산주의 이론의 이중 구조를 발견한 다음부터 공산주의가 왜 나쁜지에 대한 근거를 설명할 수 있게 됐어요.

그래서 윤 교수님이 한동안 1980년대에 학생들의 의식화 학습이 진행되는 동안에 열심히 이념 교육을 많이 했습니다. 강사로 오셔서 노력했지만 사람들이 전부 그냥 혼자만 듣고서 흘려버리고 마는 바람에 올바른 이념교육 자체가 확대 재생산이 안 됐어요.

지금 윤원구 교수의 설명을 저처럼 이렇게 대신 풀어서 설명해 주는 사람이 우리나라에 그동안에 저밖에 없었습니다.

저도 여러 번 이런 이념 교육을 실시했는데, 또 그것을 다시 전파해 주는 분들이 별로 없었고 제 강의를 듣고서 그걸 글로 감상을 써서 보여준 사람들이 있기도 했었지만 그래도 제대로 이해가 안 된 것들이 많아요.

이게 아마도 한 번 들어가지고는 잘 이해가 안 되는 모양입니다.

그러니 나중에 궁금하시면 언제든지 다시 물어보세요.

그러면 우리나라 대학생들이 왜 80년대에 그렇게 많이 좌경화돼 있느냐.

그것은 그동안 10·26, 12·12, 5·18을 겪으면서 전두환 정부가 들어섰는데, 이 사람들이 나중에 가서 통일주체국민회의에서 간선제로 대통령을 뽑기로 했잖아요.

그래서 10·26 이후 통일주체국민회의에서 간접선거로 뽑은 첫 대통령이 전두환 대통령이고, 이런 정세 속에서 군인에 의한 통치라는 정치적 상황을 학생들이 견디기 힘든 데다가 군사정부에 대한 혐오감이 가중되어 불만이 팽배했습니다. 또 이런 간선제도에서는 정권 교체가 불가능하잖아요. 그러니까 학생들이 엄청난 좌절감을 느끼고 있었어요.

그리고 이런 게 자유민주주의 체제라면 도대체 자유민주주의 체제가 무슨 의미가 있느냐는 분위기에서 학생들에게 좌익 세력들이 접근을 한거죠. 뭐라고 접근하냐면은 '너희들 판단이 맞다.' '이런 체제에서는 정권 교체가 불가능하다.' '그러면 어떻게 해야 정권 교체가 가능하냐. 공산혁명에 의한 방법 밖에 없다.'

그런데 그때 젊은 청년 학생들은 전두환 정권만 쓰러뜨릴 수 있다면 그야말로 악마한테 혼이라도 팔겠다, 팔 수 있다 라는 그런 생각을 가지고 있었기 때문에 급격하게 공산주의에 빠져들게 됩니다.

그런 상태에서 그때는 자기네들이 공산 혁명을 위해서 공산주의 이론을 공부해야 되고 공산주의자가 돼야 된다고 생각했기 때문에 공산주의를 거침없이 수용했어요.

우리 기성세대들은 공산주의라고 그러면 무조건 알러지 반응을 보이는데 그 당시에 청년 학생들은 공산주의자인 걸 자랑스럽게 얘기를 했어요.

그리고 공산주의 이론을 공부하다 보니까 어떤 점이 있는가 하면은 자기가 배운 얼마 안 되는 이런 지식을 가지고 집에 가서 얘기해 보면 아버지도 모르지, 형님도 모르지, 또 선배들하고 얘기해도 선배들도 모르지, 그러니까 이게 자기가 공산주의 이론을 조금 아는 것이 엉터리 지식인줄도 모르고 그게 크게 뭐 선각자나 된 것처럼 그런 착각에 빠져가지고 자랑스럽게 아주 열심히 이런 좌경 이론을 공부를 했습니다.

그런 정황에서 좌경이념에 급속하게 빠져들게 됐는데, 제가 학생들한테 왜 그렇게 갑자기 전국에서 학생들이 좌경이념 의식화 스터디 그룹 학습을 받게 됐느냐 물었더니 그중에 한 친구가 저한테 "러시아의 '브나로드 운동'을 본따서 그런다"는 겁니다.

브나로드 운동은 아까 이인호 교수님께서도 잠깐 말씀하셨지만, 브나로드라는 거는 러시아말로 '민중 속으로'란 뜻이랍니다.

그러면 브나로드 운동이라는 게 뭐냐?

아까 1870년대 얘기를 우리 여기 이 교수님께서도 말씀하셨지만, 1870년대에 유럽에는 마르크스가 공산주의 이론을 처음 들고 나와 공산주의 유령이 떠돌고 있을 때입니다.

그 당시 유럽에서는 저렇게 이상적인 사회, 공산주의 사회가 좀 빨리 됐으면 좋겠다고 많은 지식인들이 생각하고 있었어요.

마르크스의 공산주의 이론에 의하면 "자본주의가 고도로 발전되면 자체 모순에 의해서 붕괴되고 공산주의 사회로 간다," 이렇게 돼 있는데 그 당시 1870년대에 러시아 사회는 아까도 말씀하셨지만 짜르 시대 아니에요. 농노 시대입니다. 그런데 노동자들이라는 게 무슨 공업이 발전해야 노동자가 있는 거죠.

그 당시 러시아 지식인들이 생각할 때, 아니 우리는 언제 자본주의가 고도로 발전해서 그다음에 이상 사회인 공산주의 사회로 갈 수 있겠느냐. 그래서 우리가 어떻게 좀 그런 자본주의 사회를 거치지 않고 바로 공산주의 사회로 갈 수가 없는가. 그래서 생각해 낸 것이 농민운동입니다.

따라서 그때 러시아 지식인들 한 천여 명이 러시아의 농촌에 이렇게 침투해가지고 농민들을 의식화시키기 시작했죠.

물론 그 시절에는 그게 전부 반역죄에 해당되는 것이기 때문에 대개다 잡혀서 처형되고 그랬지만, 그 영향으로 40여 년 만인 1917년에 러시아에서 볼셰비키 혁명이 성공했지 않습니까.

그런데 제가 그 얘기를 들을 때는 완전히 그야말로 자본주의 불모지에서 저렇게 40여 년 만에 의식화 학습만 가지고 공산주의 사회가되었는데, 우리나라 1980년대는 그야말로 천민자본주의 사회로 부익부 빈익빈이 심하고 사회 갈등이 심했었습니다.

여기서 의식화 학습을 시작하면, 의식화 학습이라는 게, 이제 한명이 열 명을 가르치면 한 학년 올라가면서 또 애네들이 10명이 또다시 중심이 돼가지고 또 10명씩 맞춰서 가르치고, 이렇게 10배씩만 늘

어나면 6년 만 계속하면 10의 6승이 되어 100만 아닙니까.

그때 100만 학도라고 했는데 그렇게 6년만 지나면 이거 완전히 전 대학가가 모조리 새빨갛게 될 텐데 이거 진짜로 큰일 났다. 이게 정말 우리나라가 곧 공산화되는 거 아니냐, 그렇게 전율을 느끼고 하여튼 저로서는 이것을 막아야 하겠다는 사명감에 불탔었습니다.

그런 절박한 심정으로 있었는데, 그후 제가 검찰에서 공안을 전 문으로 일하면서 알게 된 북한의 전략 전술을 총집대성해 놓은 책이 있습니다.

주체사상에 기초한 〈남조선 혁명과 조국 통일이론〉이라는 책이 에요.

1975년에 그 책이 나왔는데 북한의 모든 전략 전술이 거기 다 정리 가 돼 있어요.

물론 당연히 비밀이고, 그런데 제가 공안을 담당하니까 그 당시에 안기부에서 자료들을 빌려서 우리가 복사를 해가지고 그걸 다 봤습 니다.

거기 보니까 이미 1975년 이전에 김일성이가 남조선 인민들을 의식 화하라고 지령을 내렸더라고요.

그런데 이렇게 실제로는 북한의 지령에 의해서 의식화 학습을 하면 서도 우리 공안기관의 수사관들을 속이려고 김일성 지령에 의해서 했 다고 하지 않고, 브나로드 운동을 하기 위해서 자기네들이 자발적으 로 한 것처럼 거짓말을 해놨던 거죠.

북한의 지령에 의해서 했다고 하는 것하고, 자기네들 스스로 이 사 회가 도저히 썩어 빠져서 우리가 자체적으로 정화를 하겠다고 하는 것하고는 상당히 다른 것이지만, 우리 체제를 바꾸려고 공산혁명을 하겠다고 하는 면에서는 둘 다 처벌 대상입니다.

그래서 지금까지도 그런 식으로 의식화 학습을 하는 까닭에 지금 이 모양 이 꼴이 되게 된 거죠.

여기까지는 궁금하신 게 없습니까.

아주 좀 간략하게 전교조 얘기를 잠깐 좀 하도록 하겠습니다.

그런데 이게 어차피 제가 한 4~5시간은 이야기해야 다 말씀드릴 수 있는데, 오늘은 짧은 시간에 설명해야 되기 때문에 건너 뛰어가면서 얘기를 하도록 하겠습니다.

제가 1980년부터 공안 검사를 하면서 1986년에 한 6년쯤 돼 서울지검에서 근무할 때인데, 민중교육지라는 잡지를 접했는데 여러분 들어 보셨습니까?

민중교육지에 어떤 선생님 세 분이 글을 썼는데, 이 세 분이 이적 표현물을 작성했다고 해서 구속이 돼 있었어요.

그런데 그 사건을 수사해서 기소한 분은 다른 데로 전근 가고 제가 후임으로 와, 아니 후임이라기보다도 공소 유지를 제가 했습니다.

보통 공소 유지하는 검사는 대개 공판 카드에 써 있는 것만 보고 나중에 재판이 진행되면 징역 몇 년을 구형합니다. 이렇게만 하고 안 봐도 상관이 없는데, 하여튼 그 시절에는 제대로 된 이념 교육이 없었기 때문에 학생들이 아는 것은 내가 다 알아야 되겠다는 생각으로 민중교육지도 제가 다 읽어보고 또 압수된 노트 메모지 이런 것까지 샅샅이 다 봤어요.

그런데 노트에 재미난 게 써 있더라고요.

뭐가 써 있냐면, 자기네들끼리 회의한 회의록 비슷한 게 써 있어요.

뭔 내용이냐, 이 사람들이 대학생들을 의식화시키기 위해 그렇게 피나는 노력을 해가지고 1986년쯤 되니까 전 대학가가 빨갛게 되어 우리 수사 당국에서는 "대학생들이 저래서 어떻게 하느냐"는 우려를 하였는데, 이 좌익세력들은 자기들 나름대로도 불만이 있더라고요.

무슨 불만이냐 하면, 아니 기껏 여태까지 의식화를 시켜놨는데 왜 이렇게 혁명이 성공이 안 되느냐.

그들이 누구를 가르쳐주기 위해서 시작한 게 아니라 혁명을 위해서 의식화 학습을 시작했는데, 이제 더 이상 의식화 학습시킬 것도 없이 전 대학가가 빨갛게 돼 있는데도 왜 아직까지도 혁명이 성공이 안 됐느냐.

그래서 쟤네들이 뭐라고 거기다가 결론을 내놨냐면, 얘네들은 민중 혁명에 성공한 사례로 4·19 혁명을 예로 듭니다.

아까 이 박사님도 4·19 혁명에 대해 말씀하셨죠.

4·19 혁명 때를 봐라. 그때는 초등학생 중고등학생들까지 거리로 다 뛰쳐나왔다.

그런데 지금 80년대 이 대학생들은 머리에 먹물이 들어 있어가지고 아무리 이념적으로 좌경화됐어도 이렇게 쉽게 뛰쳐나오지를 못한다는 거예요.

그 철없는 초·중·고등학생들이 뛰쳐나와야 혁명이 성공할 수 있다는 겁니다. 그러면 어떻게 초·중·고등학생들을 의식화시킬 것이냐?

대학생들은 이렇게 의식화 학습 서클을 가지고 자기네들끼리 서로 토론하면서 의식화 학습이 전개됐는데, 초·중·고등학생들을 그런 식으로 의식화하는 것은 불가능하다.

그러면 어떻게 해야 되느냐.

'우선 선생님들이 노동조합을 결성해가지고, 이 노동조합을 중심으로 학생들에게 의식화 학습을 하자.'고 결론으로 써 있더라고요.

그 당시에는 선생님들이 노동조합을 만드는 것이 불법일 때였고, 그래서 이건 좀 말도 안 되는 소리를 하고 있구나 하고서 그냥 코웃음 치고 말았는데, 1989년이 되니까 진짜로 선생님들이, 전국 교직원들이 노동조합을 만든다고 들썩들썩하는 거예요.

그래서 저는 공안을 담당하고 있으니까, 공안 문제로서는 큰 문제죠.

그 당시에 저는 공안 업무 중에 노동 분야를 전담하고 있었는데, 이게 전교조니까 노동 문제이기도 하지만 선생님들의 문제라고 교육부에서 이것을 담당하는 바람에 검찰에서도 학원 담당이 전교조 문제를 담당하게 됐어요.

그래서 나는 대검 연구관으로 노동을 전담하고 있으니까 이건 내 일이 아니구나 하고 있었어요. 그런데 하루는 우리 직속 상사가 공안기획관인데 좀 급히 회의하자 해가지고서는 공안기획관실에 갔어요. 그때 묻는 얘기가 도대체 선생님들이 말하는 참교육이라는 게 무엇이며, 선생님들이 노동조합을 만들겠다고 하는 이유가 뭐냐? 하는 거였어요.

당시 공안연구관이 저를 포함해 6명이 있었고, 다른 5명은 여기에 대해서 전혀 아는 바가 없어서 제가 전에 민중교육지 수사하면서 그들의 생각을 다 알아냈기 때문에 제가 설명을 드렸죠.

참교육이라는 것은 일본 교육 황폐화의 주범이라고 하는 일본 교원 노조가 표방하는 참 '진'자 眞敎育(진교육)을 우리 말로 바꿔서 참교육이라고 그러는 거다.

그러면 왜 그네들이 참교육을 주장하느냐.

기존의 교육이 가짜 교육이라는 거예요.

그럼 왜 기존의 교육이 가짜 교육이냐.

그 내용이 이렇게 돼 있어요. 민중교육 책에 보면 이렇게 되어 있습니다.

"학생들이라는 게 부르주아의 자식은 드물고 대부분이 민중계급의 자식이다. 그리고 이 학생들이 나중에 사회에 나가서 부르주아가 될 사람은 극히 소수이고 대부분은 민중이 될 텐데, 민중의 자식이고 앞으로 민중이 될 학생들한테 자본가를 위한 자본주의 교육을 시키는 것, 이건 가짜 교육이다. 그러면 어떤 것이 진짜 교육이냐. 민중이 주인이 되는 나라를 만드는 능력을 키워주는 교육, 즉 민중혁명 역량을 키워주는 교육이 참교육이다.

"그리고 또 왜 노동조합을 결성하려고 그러느냐. 이건 아까 말씀드린 것처럼 초·중·고등학생들을 의식화시키려고 하는 데 목적이 있는 거다."

그 얘기를 설명했더니, 다른 연구관들이나 공안기획관이, "설마 우리나라 선생님들이 그럴 리가 있나"하면서 '고 검사는 항상 좀 과격해'라는 겁니다.

아니 내가 그것을 꾸며내는 겁니까. 나는 알고 있는 얘기를 하는 건데, 사람들은 "자기가 모르는 거, 나는 모르는 걸 저 사람이 알고 있구나" 그렇게 인정을 잘 안 해줘요.

저 사람은 성격이 그렇거든 하며, 편견을 가지고 견제하는 듯해요

그러더니 제가 말하는 것을 대검의 입장으로 결정할 건지를 투표를 해보자고 그러더라고요.

그래서 내가 신경질이 나서, 아니 나는 지금 10년째 공안 검사를 하고 있는 사람이고, 자기네들은 엊그저께 공안부에 배치돼 같은 공안 검사라고 하고 있는데, '아는 거와 모르는 거 사이에 무슨 투표가 있냐. 싫으면 관둬라. 내 나라만 망하냐. 니 나라도 망하지.'그렇게 말하곤 내 방으로 돌아왔어요.

방에 가서 막 열을 식히고 있는데, 공안기획관이 다시 전화가 왔어요. 잠깐 와보라고.

그때가 노태우 대통령 시절인데, 노 대통령이 '아니 지금 선생님들이 법에도 없는 노동조합을 만들자고 저러고 있는데 도대체 공안기관들은 뭐 하고 있느냐' 하면서 막 화를 내셨다는 거예요.

그러니까 이제 발동이 걸린 거죠. 불똥이 떨어진 거예요.

청와대에서 관계기관 비상대책회의가 열리는데, 원래는 학원 담당이 가야 되지만 학원 담당은 여기에 대해서 전혀 아는 게 없는 것 같고 고 검사 말이 미덥지는 않지만 뭔가는 아는 것 같으니 고 검사가 대신 좀 참석해야겠다고 하더라고요.

그래서. 뭐 상사가 시키면 가야죠. 청와대에 가면서, 아니 이건 대검의 같은 공안부 검사들도 내 말을 안 믿어주는데 청와대 가서 다른 기관들 앞에서 내가 이 얘기를 하면은 누가 그걸 믿어주겠어요. 나를 미친놈 취급할 텐데. 그래서 청와대 가서는 나는 한마디도 안 하고

입 꼭 다물고 있다 와야 되겠다고 생각하면서 갔죠.

그 당시에 청와대 정무비서관이 윤여준 비서관이었고 회의를 주재하는데 한 20여 개 기관의 국장급들이 전부 다 왔어요.

나는 윤여준 비서관의 왼쪽에 앉고 오른쪽에 안기부에서 와 앉았고, 안기부 쪽에서부터 쭉 돌아가면서 발언하는데, 질문은 모두 똑같았어요.

도대체 참교육이 무엇이며, 선생님들이 왜 갑자기 노동조합을 결성하려 하느냐? 에 대하여 쭉 돌아가며 언급했으나 아무도 아는 게 없어서 아무 말도 못 했어요.

마지막에 나 하나 남았는데, 윤여준 비서관이 대검에서 오신 고 검사님 뭐 좀 해주실 말씀 없습니까, 그러면서 사정하는데 내가 그냥 말 수가 없더라고요.

그래서 에라 모르겠다 하면서, 각자 나름대로 들을려면 듣고 말라면 말라는 투로 우선 아까 공안기획관 앞에서 했던 얘기를 그대로 해줬어요.

그랬더니 여기는 분위기가 전혀 다른 거예요.

윤여준 비서관이 "아! 고 검사님, 그거 좀 어떻게 글로 좀 써주실 수 없습니까"그런데 남자는 자기를 알아주는 사람을 위해서는 목숨도 바친다는 말이 있듯이 여태까지 이렇게 구박받고 있다가 청와대에서 그렇게 막 높이고 해주니까 작심하고 내가 바로 써드리겠다고 말했죠.

공안연구관이 얼마나 바쁜 자리인데, 그날 집에 가 밤샘해서 "전교조가 표방하는 참교육의 실체"라는, 문안을 작성해서 청와대에 건네줬어요. 그랬더니 청와대에서 그걸 예쁘게 팸플릿으로 만들어 가지고 전국의 초·중·고등학교에다가 전부 배포했습니다.

그런데 그 다음 주 월요일 날이 우리 대검에서 확대 간부회의가 있어 검사장님들 다 참석하는데, 그 당시에는 어떤 관행이 있었냐면 연구관들이 돌아가면서 검사장님들의 귀를 키워준다고 이 세상 돌아가는 일에 대해서 그날 토픽을 정해서 발표하는 제도가 있었어요. 마침 제 차례여서, 그 당시에 전교조 때문에 여론이 막 뜨거웠던 데다 이미 저는 다 준비해 놓은 상태라 잘 됐다 싶어서 그것으로 보고를 했죠.

그 당시에 검찰총장이 김기춘 총장님입니다. 확대간부회의에서 보고했더니 이분이 또 얼마나 정확한 분입니까. 다 아시다시피.

"고 검사! 그거 빨리 언론에 배포해"라고 지시했어요. 대검 기자실이 바로 밑에 있으니까 복사만 해가지고 바로 배포했죠.

그 다음 날, 전 신문에 완전히 양면을 꽉 채워가지고 제가 쓴 「전교조가 표방하는 참교육의 실체」 라는 글이 단어 하나도 안 틀리게 다 그대로 나갔어요.

그런데 그 시절이 어떤 때냐 하면, 가입 초기라서 그 당시에 전교조에 가입한 교사가 한 2만 명 됐습니다. 그런데 그 당시 정원식 교육부 장관이 예컨대 6월 30일까지 탈퇴하지 않으면, 전원 해직 처리하겠다 그러고 있는 판이었어요. 그런데 6월 27일까지 전교조에서 탈퇴한 사람은 10여 명밖에 없었어요. 그런데 제 글이 신문에 발표된 이후 이틀 만에 93%가 탈퇴했어요.

결국 1,490명 남은 사람만 해직 처리를 하고나서 전교조 문제가 해결됐는데, 정원식 장관이 대검 덕분에 전교조 문제가 해결되어 고맙다고 격려금 100만 원을 보내왔어요. 그 당시 대검 공안부장이 이건개 검사장이었는데 이건개 검사장이 나를 부르더니 "이건 고 검사가 한 일이니까 우리 반씩 나눠 갖자"고 해서 제가 그 당시에 50만 원을 받았습니다. 그때 50만 원은 적은 돈 아닙니다.

그리고 이제 하여튼 최소한도 오늘 해야 할 것이 있어요. 지금 이게 원래는 용어가 바뀌는 과정을 알게 되어야 자세하게 설명할 수 있고 납득이 쉬운데 일단은 주마간산식이라도 하겠습니다.

부림사건 때까지만 해도 학생들은 자기가 공산주의자라는 걸 얘기하는데 전혀 거리낌이 없이 자랑스럽게 얘기를 했는데, 그 당시의 상황에 대해 노무현이 자기 자서전에다가 써놓은 게 있어요.

하루는 재판을 하고 있는데 중간에 재판장이 자기 보고 좀 판사실로 오라고 해서 갔더니, "아이고 저놈들 말하는 것 좀 보시오. 저놈들 완전히 빨갱이들 아닙니까." 그러니까 그 판사가 피고인들의 말에 놀란 거예요. 학생들이 완전히 빨갱이같은 소리를 하고 있으니까. 학생들은 자랑스럽게 얘기하지만 듣는 사람으로서는 섬찟섬찟하잖아요.

노무현은 그 당시에 판사가 "선입견을 가지고 있다, 편견을 가지고 있다"는 주장을 하기 위해서 위와 같은 에피소드를 소개했지만, 우리는 그 글에서 그들이 얼마나 의식화되어 있었는지를 유추해볼 수 있습니다.

그런데 그 당시 좌익세력의 상층부에서 그걸 알아가지고, 법정투쟁 지침이라는 게 학생들한테 내려졌어요.

그 지침이라는 게 뭐냐 하면, 경찰에 붙잡히게 되면 묵비권을 무조건 행사하라. 도저히 안 돼서 말을 할 수밖에 없어 자백하게 되면 검찰에 가서는 전부 고문에 의한 자백이라고 얘기해라. 그리고 또 허위 자백이라고 얘기하라. 또 법원에 가서는 검찰에서 허위 자백했다. 그리고 끝까지 진실을 자백을 하면 안 되고, 특히 공산주의자라는 말은 절대로 그건 자백하면 안 된다. 그래서 그다음부터는 공산주의라는 용어를 안 쓰는 거예요.

그렇다면 공산주의라는 용어를 안 쓴다고 해서 그들이 공산주의 사상을 포기했겠습니까.

아까 우리 최병구 총장님(청중)께서 말씀하신 바와 같이 공산주의 이념을 그렇게 쉽게 포기를 안 하죠.

그러면 공산주의를 뭐라고 썼겠습니까. 민중민주주의라고 했어요.

그다음부터는 민중민주주의라는 말로 갈아 썼는데 내용은 똑같아요. 내용은 똑같은데 그럼 뭐가 다르냐.

공산주의는 프롤레타리아 민주주의, 즉 무산계급인 노동자·농민이 주권자가 된다는 주장을 했는데, 민중민주주의에서는 민중이 주인이 된다. 그런데 그 민중이라는 말도 자기네들이 생각해낸 것이 아니고 북한의 인민민주주의를 본뜬 거예요. 그러나 인민민주주의를 똑같이 쓰면은 너 빨갱이라고 할 거 아니에요. 북한하고 똑같이 하면 안되니까 '민중'이란 비슷한 말로 바꾼 거예요.

그런데 초창기에는 저희가 '아니 얘네들이 민중민주주의라고 그러는데 이거 내용은 전부 공산주의와 같은데' 이걸 어떻게 처리해야 될지를 몰랐던 거예요.

그래서 "너 이게 인민민주주의랑 똑같은 거 아니냐." 그러면 "아니 용어가 비슷하다고 해서 우리를 빨갱이로 몰려고 그러냐. 또 용공 조작하려고 그러느냐" 그래서 이것을 처리하지 못하고 있었어요.

그러던 중 고려대학교에서 화염병 시위를 준비하고 있다는 첩보가 있어서 압수수색 영장을 발부받아 경찰에 집행 지휘를 하였습니다. 그런데 시위용품만이 아니라, 고려대 교지 '일보전진'까지 전부 압수해

왔습니다. 고려대학교에서 압수해 온 일보전진을 보니 이철 의원의 발언과 민중민주주의라는 논문이 있고, 그 내용 가운데 '민중민주주의란 무엇인가?'라는 소제목이 있었습니다.

이 내용에서 '자유민주주의는 가짜 민주주의다, 민중민주주의가 진짜 민주주의다'하면서 아까 프롤레타리아 민주주의 얘기를 할 때와 똑같은 방법으로 프롤레타리아를 민중으로만 바꿔 놓은 것이었습니다. 그래서 "이게 바로 변형된 공산주의구나"라고 판단했습니다.

제가 민중민주주의를 쓴 그 글의 저자하고 또 책을 낸 고대 학술부장 두 사람을 기소해서 그게 유죄 판결이 되면서 민중민주주의가 공산주의나 똑같이 이적 이념으로 된 겁니다.

따라서 그다음부터는 공산주의라는 말도 못 쓰고 민중민주주의라는 말도 못 썼죠.

그 다음에는 뭐라고 그랬겠습니까.

아까 공산주의 이념을 포기하는 일은 없을 거라고 그랬죠.

그 다음에는 '진보적 민주주의'라는 용어가 나타났어요.

어디서 나왔냐하면은 통합진보당, 해산된 통진당이 자기네들의 이념이 진보적 민주주의라고 주장을 하면서부터 또 변형된 새 용어가 출현하게 된 거죠.

2011년에 국민행동본부의 서정갑 본부장하고 조갑제 닷컴의 조갑제 대표님하고 같이 점심 식사를 하는데, 이분들이 흥분해가지고 "아니 민주노동당, 민노당을 좀 보라고. 저들의 하는 짓이 북한의 노동당하고 뭐가 다르냐. 저것들 좀 어떻게 좀 해산시켜 줄 수 없느냐. 우리 헌법에 정당해산제도가 있지 않느냐"

그래서 제가 알아보겠다고 하고 사무실에 와서 민주노동당 강령을 찾아보니까, 거기에 민중 주권을 주장하고 민중이 주인이 되는 나라를 만들자고 하는 것은 민중민주주의 주장과 똑같은데 명칭만 진보적 민주주의로 바꿔놨더라고요.

그런데 진보적 민주주의라는 것 자체가 북한에서 김일성이가 자기네들 인민민주주의를 미화하기 위해서 만들어 낸 용어라는 것을, 저는 공안을 하면서 이미 알고 있었어요.

하여튼 과정에 복잡한 얘기가 많이 있지만 진보적 민주주의와 민중민주주의는 마찬가지로 이적 이념이고, 이런 이적 이념을 강령으로 가지고 있기 때문에 민노당은 정당 해산해야 된다고 볼 수 있었습니다. 다만, 그것을 가지고 우리가 직접 정당해산 청구를 못 해요. 정당해산심판 청구는 정부만이 할 수 있어요.

그래서 정부의 법률상 대표인 법무부에다가 해산 심판 청구를 해달라고 우리가 청원했는데, 그해 12월 경 민노당이 다른 당들하고 합쳐서 통진당이 됐어요. 네, 그러니까 민노당이 없어져 버렸잖아요. 그러니까 정당해산심판청구는 소용없는 것이 되었는데, 그다음 2012년에 보니까 통진당도 또 하는 짓이 민노당하고 똑같은 거예요.

그래서 다시 통진당 강령을 찾아보니까, 또 똑같이 진보적 민주주의를 주장하고 민중 주권을 주장하고 민중이 진정한 주인이 되는 나라를 주장하고 있어요. 그래서 이제 통진당을 상대로 또 한 번 정당해산심판 청원을 했죠.

그렇지만 이명박 정권 때는 도대체 들을 생각을 안 하는 거예요. 몇 번이나 얘기했는데도 마찬가지였어요.

그다음 해 2013년도에 정권이 바뀌고 박근혜 대통령이 들어와 이제는 좀 뭐 좀 달라졌는지 모른다고 생각되어 통진당에 대해서 다시 한 번 청원서를 냈습니다.

그런데 이때 대통령 비서실장으로 김기춘 전 검찰총장이 취임하시니까, 김 실장님이 무슨 뜻인지 금방 알고서 곧바로 법무부에 지시해서, 법무부가 통진당 해산 심판을 청구하게 된 거예요.

그래서 2014년 12월 19일에 해산이 됐습니다.

제가 2006년에 검찰에서 물러난 후로 계속 애국단체 활동을 해왔는데 하나도 결과가 안 나올 뻔했었습니다만, 실장님이기도 하고 총장님이기도 한 김기춘 총장님 덕분에 제가 원하던 바 3가지를 이루었습니다.

통진당 해산, 전교조 법외 노조, 현대사 왜곡 시정 국정교과서 만드는 것 등 세 가지가 다 이루어져서 고맙다고 했더니, 김기춘 실장님께서 하시는 말씀이 '고 검사장, 생각을 좀 해보시오. 그게 어떻게 내 힘으로 되는 겁니까. 만일 정부가 통진당 정당해산 심판 청구를 했다가 헌법재판소가 그걸 기각하면 정부가 어떻게 되겠습니까. 이거는 대통령이 결심한 거지 그건 내가 한 게 아니므로 나보고 고맙다고 하지 않아도 돼요.' 이렇게 말씀하셨죠.

물론 대통령이 결심했겠지만 대통령이 결심하게 해준 분이 실장님 아니냐. 그래서 저야 실장님도 고맙고 대통령도 고맙다고 그랬죠.

그런데 이명박 대통령이나 이런 분은 10명, 100명이 있어도 그런 결단을 못 내립니다. 그래서 박근혜 대통령 탄핵할 때 무슨 전부 최순실이가 했느니 뭐니 하는데, 나는 항상 강의하고 다니면서 남자 대통령 10명보다 여자 대통령이 1명이 더 낫다고 그럽니다.

하여튼 뭐 그건 그렇고, 그다음에 헌법재판소에서 진보적 민주주의라는 것은 북한식 사회주의 체제를 지향하는 이념이라고 규정해서 그다음부터는 공산주의라는 말도 못 쓰죠. 민중민주주의라는 말도 못 쓰죠. 진보적 민주주의라는 말도 못 쓰죠. 그리고 이제 민중주권 얘기도 못 하죠. 그렇다고 그자들이 공산주의 이념을 포기할까요. 포기 안 하죠.

그럼, 그다음으로 그자들이 부리는 꼼수가 뭐냐 하면, 지난 2018년 헌법 개정을 시도하면서 자유민주주의에서 자유를 전부 뺐잖아요.

그 사람들이 "우리나라에서 민주주의는 자유민주주의지 자유를 떼나 안 떼나 마찬가지 아니냐"라며 또 다른 수작을 부리는 거예요.

2010년도에 북한에서 자기네들 노동당 강령을 개정하면서, 북한에서는 노동당 강령이 헌법보다도 위에 있습니다. 노동당 강령보다 더 위에 있는 게 수령 교시이고, 수령이 주권자니까.

그런데 그때 북한의 대남적화혁명 전략 명칭이 민족해방 인민민주주의 혁명전략이었던 건데 거기에서 '인민'을 빼버렸어요. 민족해방 민주주의 혁명이라고 해서 그때는 이것을 공안 담당했던 분들이 다들 굉장히 궁금해했었어요.

북한이 몇십 년 동안 유지하던 민족해방 인민민주주의 혁명전략에서 왜 갑자기 인민을 뺐을까? 민족해방 민주주의 혁명전략으로 왜 바꿨을까.

그게 이제 나중에 알고 보니까 북한에서는 아까 얘기한 것처럼 인민민주주의가 진짜 민주주의고 자유민주주의는 가짜 민주주의인데, 민주주의 하면은 그게 바로 인민민주주의지 구태여 인민민주주의라는 말을 할 필요가 뭐 있느냐. 자기네들이 민족해방 민주주의 혁명전략이라고 하면 그게 바로 민족해방 인민민주주의 혁명전략이다. 그래서 인민을 뺀 거예요.

그것을 북쪽으로부터 그대로 똑같이 받아서 남쪽 여기서 우리나라 좌익들도 전부 민주주의는 인민민주주의가 진짜라고 배운 학생 애들이거든요. 그래서 우리 헌법도 민주주의로 바꾸면 인민민주주의로 알도록 한 겁니다.

하여튼 다행히 여러 애국자들이 노력해서 헌법 개정이 무산됐고, 그러면 헌법 개정이 안 됐으니 당연히 원위치 된 거 아니냐, 라고 생각할 수 있지만, 그런데 저것들이 반칙을 써요.

뭐라고 하냐면 헌법 개정은 안 됐어도, 현재 우리나라 헌법이 자유민주주의 헌법이 아니라는 거예요. 이게 아까 말한 억지죠, 억지.

자유민주적 기본질서라는 말이 헌법 중 여러 군데에서 나오는 데 그래도 "필요 없다, 우리나라 헌법은 자유민주주의 헌법이 아니라"면서, 헌법 개정이 안 됐음에도 불구하고 자기네들 멋대로 역사 교과서에서 '자유'란 말을 다 빼버렸어요. 그러니까 자기네들은 사실상 인민민주주의를 주장하고 있는 거예요.

거기다가 더 노골적으로는 윤리와 사상이라는 교과서가 있어요. 거기 5종이 있는데 그중 3종에서 또 우리나라는 국민주권인데도, 통진당이 국민주권주의 대신에 민중주권을 주장했기 때문에 통진당이 위헌정당으로 해산됐음에도 불구하고, 윤리와 사상 교과서 내용에 우리나라는 인민주권이라고 주장을 해놨어요.

사실 내가 만약 공안 검사를 하고 있었으면, 교육부 저 사람들 다 구속시켰을 텐데 지금은 아무도 아는 사람조차 없을 뿐 아니라, 관심 갖는 사람도 없기 때문에 현재는 이념 전쟁에서 무방비 상태로 봐야죠.

앞에서 보신 바와 같이 공산주의자들은 공산주의를 프롤레타리아 민주주의로 바꾸고 거기서 민중민주주의, 진보적 민주주의, 그냥 민주주의까지 전부 사용하면서 용어 혼란 전술을 써 왔어요.

결론적으로는 우리나라가 이 민주주의의 뜻을 제대로 이해하지를 못하고, 공산주의자들의 변형된 용어로 위장한 민주주의 형태들이 시도되는 가운데, 이렇게 쟤네들이 장난치고 있는 걸 몰라서 민주주의를 부르짖는 가짜 민주화 유공자들이 활개를 치는 지경에 이르러 그들에게 명예회복(?)과 물질적 포상까지 해주는 엉터리 사회가 돼버렸어요.

그래서 지금 얘기하면 끝나지 않을것 같아서 이 정도에서 마치겠습니다.

혹시 뭐 궁금한 거 있으면 말씀해 주시죠

질문　　잠깐만요 지금 바이든하고 회담 결과가 있는데 중국 공산당을 해체하는 걸로. 그러나 지금 민주당 이 아이들이 좌파거든요. 좌파가 중국 공산당을 해체할 이유가 없어요. 같은 편입니다.

답변　　그거는 아까 이인호 박사님이 말씀하셨잖아요.
미국 민주당이 지금 우리 민주당하고 같다고 생각하면 안 된다고. 미국 민주당은 우리나라 우리 애국 국민들하고 같아요. 그러니까 전에 미국 민주당 루스벨트 때 우리나라를 일본에서 해방시켜주고, 6·25전쟁 때 민주당 트루먼 대통령이 우리를 구해줬습니다. 그러니까 미국 민주당 정권을 그걸 좌파라고 보면 안 돼요. 반공 정신은 투철한 데예요 거기가.
그런데 다만 지금 변형된 건 아까 제가 말씀드렸죠. 지금 자유민주주의 체제가 있는 데는 시간과 장소를 불문하고 그걸 뒤집어 보려는 세력이 있어요. 그래서 미국 같은 나라는 자유민주주의의 종주국인데도 미국에 지금 사회주의·공산주의 운동이 엄청나게 일어나고 있습니다. 그래서 트럼프 대통령이 지금 민주당 정부를 공산주의 정부라고 주장을 했죠. 그런데 실제로는 여태까지 대외적으로 나타난 것을 봐서는 미국 민주당 정부도 아주 훌륭한 우리나라의 우방입니다.

2강

좌경세력의 실체

고영주 대표님 모십니다.

이렇게 많이 찾아주셔서 감사합니다.

그런데 사실은 수강하시는 분들이 매번 바뀌어야 제가 이 기초 개념을 설명해 드릴 수 있는데, 상당히 많은 분이 지난번에 1회 때 참석하셨던 분들이 오시니까 이제는 같은 얘기를 계속해도 되나 좀 걱정되는 그런 게 있습니다.

전에 말씀드린 바와 같이 좌익세력들은 우리 대학생들한테 의식화 학습을 시켰습니다. 그러나 아무리 의식화 학습을 시키면 뭐 하느냐, 혁명하기 위해 시켰는데, 혁명하려면 구체적인 방법을 알려줘야 할 것 아니냐, 그래서 1986년쯤부터는 대학가에서 혁명론이 전개됩니다.

그래서 CDR·NDR·PDR(Civil Democracy Revolution, 시민민주혁명·National Democratic Revolution, 민족민주혁명·People's Democratic Revolution, 민중민주혁명) 논쟁이 벌어지고, 그러다가 김영환이 북한의 대남 방송을

청취해 그걸 그대로 옮겨 써서, NLPDR 혁명론이 알려지면서 이제 우리나라에 NL과 PD가 생기는 계기가 되었습니다.

지금 혁명론이나 조직론으로 가게 되면 과연 우리 일반 국민들이 그것까지 알아야 할 필요가 있느냐 하는 측면이 있습니다만, 어쨌든 간에 다시 이념 문제에 집중해서 자유민주주의의 적에 대해서 좀 말씀을 드리도록 하겠습니다.

자유민주주의 적이라고 하면 뭐가 될 것 같다고 생각하십니까?

학문적으로 자유민주주의의 적은 공산혁명을 일으키려고 하는 세력들 즉 좌경세력들을 자유민주주의의 적이라고 하죠.

그 이론적 토대가 공산주의 이념 이론이고 공산주의 이론의 아류에 해당되는 좌경 이론, 이런 것들이 자유민주주의의 적입니다.

그런데 다 아시겠지만 1989년에 미국의 프랜시스 후쿠야마라는 정치학자가 〈역사의 종말〉(1992, 이상훈 역, 한마음사)이라는 책을 썼습니다. 그 내용은 자유민주주의 및 자본주의 시장경제와 공산주의와의 싸움에서 자유민주주의가 최종 승리했다는 것입니다.

즉, 역사는 과거에서부터 원시 공산사회, 고대 노예제사회, 중세 봉건사회, 자본주의와 자유민주주의사회, 공산주의사회, 이렇게 주욱 변증법적으로 발전하도록 돼 있는데, 이제 더 이상의 발전은 없다. 자유민주주의 체제에서 이제 멈췄다. 역사발전은 그런 자유민주주의 체제에서 끝났다, 이런 논문을 발표했습니다.

그 후 2년이 지나 실제로 1991년에 소련이 붕괴되고 동구권에 변화의 바람이 불었습니다.

그래서 후쿠야마의 예언이 맞았다 해서 상당히 높은 평가를 받은 그런 논문입니다.

그러나 제가 그동안 공안 분야의 실무를 담당하면서 보기에는 그렇지가 않았습니다.

"역사의 종말이 아니라 역사는 끝나지 않았다, 즉 자유민주주의가 있는 한은 끊임없이 이 좌경세력 공산주의 세력에 의한 도전이 있게 마련이다, 그래서 절대로 역사는 끝나지 않았다."

그러면 우리가 자유민주주의와 공산주의를 이념적으로 비교하여 볼 때 정상적으로 생각하면 자유민주주의 이념이 좋은 것은 다 아는데, 왜 공산주의자들이 완전히 소멸되지 않고 끊임없이 이렇게 도전하게 되느냐, 그건 좌경이념의 사기 수법이 기기묘묘하기 때문에 그렇습니다.

제가 공안을 하면서 공산주의 이념이라든지 좌경 이념에 대해서 나름대로 정의했습니다.

뭐라고 정의했느냐, "좌경이념은 사회적 약자를 이용하여 정권을 획득하려는 사기극이다."

그러면 뭐가 사기극이냐, 이를테면 서민들한테 이 혁명만 성공하면 서민들의 천국이 열릴 거라고 꼬셔서 혁명에 끌어들이는데, 정작 혁명이 성공하면은 이 사람들은 기존에 가지고 있던 주권도 뺏기고 사실상 노예가 되도록 돼 있기 때문에 이거는 완전히 사기다. 크게 줄 것처럼 하다가 다 뺏어가 버리니까 이건 완전 사기다, 제가 그렇게 정의를 내렸습니다.

그런데 이 정의에 대해서 아직도 반대하는 사람은 한 명도 없었습니다.

그러면은 제가 사기극이라고 그랬는데, 왜 그런 사기극에 사람들이 속아 넘어가느냐? 속아 넘어간 대상으로는 멀쩡한 대학교수도 있고, 또 박사 학위 받은 분도 있고, 또 아이큐가 170대가 되는 사람들도 있는데 그런 사람들이 다 속아 넘어갑니다.

왜 속아 넘어가느냐? 아까 말씀드린 것처럼 이 사기 수법이 기기묘묘하기 때문에 그렇습니다.

그러면 우리가 어떻게 하면은 공산주의 사기에 속아 넘어가지 않을 수 있느냐, 또 이렇게 끊임없는 공산주의자들의 도전에 대항해서 우리 자유민주 체제를 지켜나갈 수 있느냐, 이제 이 문제를 말씀드리겠습니다.

사기 수법이 기기묘묘하다고 그랬는데, 사기 수법이 뭐냐?

공산주의자나 좌경세력들의 사기 수법이 같은 것이기 때문에 편의상 '공산주의'로 통일해서 얘기하겠습니다.

공산주의자들의 사기 수법은 대개 5가지로 돼 있습니다.

첫 번째 가장 중요한 것은 이론이 이중 구조로 돼 있다는 것입니다.

무슨 소리냐 하면, 공산주의 이론을 설명하는데 밖에다가 얘기하는 '선전이론'과 내부에서 자기네들이 실제로 적용하는 '실천이론'이 다르다는 겁니다.

선전이론은 이를테면 공산주의 사회는 노동자와 농민이 주인이 되는 사회다. 그리고 또 능력에 따라 일하고 필요에 따라 분배한다. 차별이 없는 사회이다. 이런 식으로 말하는데, 공산주의 세상 밖에 사는 사람들은 이 선전이론 밖에 못 듣습니다.

실제로 공산주의자들의 내부에서는 어떤 원칙이 적용되고 있는지를 외부에서는 알지 못합니다.

그런데 이것을 제일 먼저 깨우치신 분이 명지대학교의 윤원구 교수입니다.

1970년대에 윤 교수님이 공산주의 이론에 가장 정통하신 분인데, 자기는 공산주의 이념이 맞는다고 생각해서 1970년대까지 학교에서 공산주의 이념을 강의를 하였답니다. 그랬는데 70년대 말이 되면서 보니까 이게 자기 이념의 양심에 반하는 현상들이 발견되는 거예요.

뭐냐 하면, 노동자와 농민이 주인이 된다고 그랬는데 소련을 봐도 수령 1인 독재체제이고, 북한을 봐도 수령 1인 독재체제, 쿠바, 중국 어디나 공산주의 사회는 전부 수령 1인 독재체제가 돼 있는 겁니다.

그리고 노동자·농민들한테는 자유세계의 노동자·농민 만한 그런 권리도 안 주어지고, 그러니까 노동자와 농민이 주권자가 된다고 그랬는데 실제로는 주권을 전혀 갖고 있지 못하다는 것을 알게 됐어요.

대개의 사람들이 이런 현상에 대해서 뭐라고 이해하느냐 하면 "공산주의가 이론은 좋은데 현실이 그에 미치지 못한다."라는 겁니다. 공산주의 이론이 완전히 엉터리여서 우리가 이해가 안 되는 건데, 이게 무슨 이론이 심오하기 때문에 우리가 이해하지 못하는 것으로 착각해서 "공산주의는 이론은 좋은데 현실이 그게 미치지 못해 지금 공산주의 사회가 저 모양이다."라는 식으로 잘못 이해하는 겁니다.

그렇지만 윤원구 교수님은 "아니 이론이 좋으면 결과가 좋아야지 어떻게 이론은 좋은데 하나같이 결과가 다 저 모양이냐." "이건 뭔가 공산주의 이념에 비밀이 있지 않겠느냐"라고 해서 다시 공산주의 이론을 공부하기 시작했습니다.

그 당시에는 공산주의 종주국이 소련이니까 소련의 정치학 교과서,

경제학 교과서 이런 걸 찾아서 다시 연구했습니다.

그래서 알아낸 것이, 공산주의 이론은 이중 구조로 되어 있다, 우리한테 선전하는 선전이론과 자기네들이 실제로 적용하는 실천이론은 전혀 다르다.

그럼, 어떻게 다르냐?

선전이론에 의하면 노동자·농민이 주인이 된다고 그랬는데 실천이론에서는 어떻게 돼 있느냐?

계급 간에 권력은 나눠 가질 수 없다, 농민을 믿지 말라, 농민에게는 권력을 나눠주지 말라, 이렇게 처음에는 노동자와 농민의 주권이라고 해놓고 정작 자기네들이 혁명에 성공하면은 농민은 주권자에서 완전히 배제해버리는 겁니다.

농민을 왜 제외하느냐.

농민은 땅에다가 농사를 짓는 사람들이기 때문에 이 땅에 대한 애착이 강해서, 즉 사적 소유에 대한 애착이 강해서 언제든지 부르주아에 영합할 수 있는 그런 기회주의적 속성을 가지고 있다, 그래서 농민한테는 아예 권력을 나눠주면 안 된다, 이렇게 단정하고 농민을 '쁘띠 부르주아'라고 그럽니다. 쁘띠는 작다는 뜻이어서 「작은 부르주아지」 또는 「작은 자본가」 그런 뜻입니다.

원래 공산주의자들이 자기네들이 자유민주주의보다 더 민주주의적이라고 주장하는 근거는, 소수의 부르주아가 다수의 프롤레타리아에 대해 독재하는 것보다 다수인 프롤레타리아가 소수인 부르주아에 대해 독재하는 것이 더 민주적이라고 해서 자기네들이 더 민주적이라고 얘기를 했습니다.

그런데 국민들의 대부분을 차지하고 있던 농민을 주권자에서 제외해 버리니까, 그동안 다수가 소수에 대해서 독재하니까 더 민주적이라는 말도 성립이 안 되게 돼 있죠.

그건 차치하고 우선 노동자와 농민이 주권자라고 그랬다가 농민을 빼면 노동자들은 주권자가 될 수 있느냐? 그런데 여기에 다음으로는 이러한 궤변이 들어옵니다.

즉 민주주의 중앙집권제라는 이름을 들고 나오는 것입니다.

민주주의 중앙집권제, 줄여서 '민주집중제'인데 이것이 공산당의 조직 원리입니다.

그 내용이 뭐냐하면 노동자들이 수백만인데, 이 수백만 노동자들이 주권자라고 그럴 때 어떻게 이 주권을 효율적으로 행사할 수 있겠느냐, 그래서 주권을 효율적으로 행사하기 위해서 이 노동자들의 주권을 공산당한테 위임하는 것이 좋다는 것이 민주집중제 이론입니다.

그렇게 주권을 공산당에다가 위임하면 이제 주권자는 공산당이 되는 것이고 노동자는 주권자가 아닙니다.

그러면 좋습니다. 노동자들은 그렇다고 치고 그럼 공산당은 주권자가 될 수 있느냐?

똑같은 민주집중제 이론에 의해, 공산당원이 수십만 명인데 어떻게 이 사람들이 효율적으로 주권 행사를 할 수 있겠느냐. 그래서 효율적인 주권 행사를 위해서 그 공산당의 주권을 중앙위원회에다가 위임한다, 이렇게 돼 있어요.

그럼 중앙위원회도 수십 명 수백 명이 되는데 이 사람들이 어떻게 또 효율적인 주권 행사를 할 수 있겠습니까. 또 다시 효율적인 주권 행사를 위해서 이 중앙위원회가 가지고 있는 주권을 정치국에다가 위임하도록 돼 있어요.

그럼 정치국원도 수십 명인데 이 사람들이 어떻게 효율적인 주권 행사를 할 수 있겠느냐?

효율적인 주권 행사를 위해서 다시 민주집중제 이론에 의해서 수령 1인에게 주권을 위임하는 것입니다. 그러니까 공산주의 국가는 이론은 좋은데 현실이 그에 못 미쳐서 수령 1인 독재체제가 되는 게 아니라, 실천이론 그 자체가 수령 1인 독재체제가 되도록 돼 있다라는 겁니다.

그러므로 어느 공산주의 국가든지 모두 이 실천이론에 의해서 수령한테만 주권이 주어집니다. 그리고 수령에게 주어진 이 주권이라는 것은 한 국가 내에서는 절대적인 권력입니다.

이 주권자의 명령에 대해서는 거부를 할 수도 없고 이의를 제기할 수도 없습니다.

그러니까 수령 한 사람을 제외하고는 공산국가의 모든 사람들이 전부 다 수령의 노예가 되는 겁니다.

이건 거부할 수도 없고 이의 제기도 안 되는 정치체제로서 공산국가가 다 그렇게 돼 있다는 걸 말씀을 드립니다.

그다음에 **두 번째** 사기 수법이 뭐냐?

'용어 혼란 전술'입니다.

이 사람들이 쓰는 용어는 우리가 쓰는 용어하고 개념이 전혀 다릅니다.

쉽게 예를 들어서, 우리는 민족 그러면 한겨레, 이렇게 생각하는데 북한 공산주의자들이 민족을 얘기하면 그 안에 주한미군 철수라는 의미가 들어가 있습니다.

그다음에 평화 그러면 우리는 전쟁이 없는 상태를 평화라고 하는데, 북한에서 평화라고 얘기하면 온 세상이 공산화된 상태를 평화라고 봅니다.

그럼 "우리 민족끼리 평화를 이루자"고 그러면 "주한미군을 철수시키고 온 사회를 공산화시키자"라는 뜻이 되는 겁니다.

그다음에 우리가 이제 가장 많이 혼동을 일으키는 게 민주화라는 용어입니다.

우리가 건국한 이후에 인혁당 사건, 또 통혁당 사건, 남민전 사건, 그리고 민청학련 사건, 이런 많은 좌익 사건이 있었습니다.

그런데 그런 사건들이 현재 과거사법과 민주화보상법에 의해 전부 민주화 운동으로 인정받게 되었습니다.

그래서 그 사건 관련자들이 전부 민주화 유공자로 되었는데, 결국 지난번에 문재인 정권이라는 것은 이 많은 민주화 유공자들의 업적이 모여져서 꾸려진 정권이라고 말해야 되는데, 그럼 문재인 정권이 민주 정권이냐? 아니잖아요.

제가 그걸로 좀 곤욕을 치렀지만, 문재인 정권은 명백하게 공산주의 사회로 가려고 하다가 실패한 정권입니다.

2018년도에 헌법 개정이 됐다면 완전히 공산화가 되는 건데, 저희가 모두 힘을 모아 그걸 애국 진영에서 결사적으로 막아가지고 공산화는 막은 거죠.

그러니까 문재인 정권은 공산주의 내지는 민중민주주의 정권이라고 봐야 되는데, 어떻게 자유민주주의를 했다는 민주화 운동이 쭉 쌓여가지고 그 결실로 문재인 정권이 되느냐?

그러면은 문재인 정권이 민중민주주의 정권이 아니고 자유민주주의 정권이든지, 그게 아니라 공산주의 정권이라고 그러면 그동안의 민주화 운동이라고 했던 것들은 전부 공산주의 운동이든지 둘 중에 하나가 되어야 하는데, 이게 합치가 돼야 맞는 거 아닙니까?

그런데 어떻습니까?

문재인 정권이 공산주의를 지향하는 정권인 건 확실하잖아요. 나중에 성공을 못 했지만. 그래서 그동안의 민주화보상법이라든지, 과거사 기본법이라든지 해서 민주화운동 유공자라는 훈장을 준 것들은 이게 전부 잘못된 것입니다.

그동안 저 사람들은 민주화 유공자라고 해서 저 사람들한테 지금까지 조 단위의 돈을 퍼주었습니다.

그러니까 지금까지 우리나라는 국가에 반역질하는 사람들한테 국비를 대줘서 국가 반역을 사주하고 있었던 겁니다.

우리가 이제 현실적으로 느껴야 되는 것이 민주화 운동이 과연 저게 진짜 자유민주화 운동이냐, 그런데 어떻게 이런 혼란이 생기게 되었느냐 하는 것입니다.

앞서 후쿠야마는 자유민주주의, 자본주의 경제가 공산주의 이론에 대해서 압도적으로 이겼기에 다시는 이제 더 이상 정체 변경은 없다고 그랬습니다.

그런데 공산당은 어떤 생각을 하고 있냐면, 공산주의라는 것은 좌경이념 자체가 처음부터 끝까지 자유민주주의 체제를 공격하기 위해서 생겨난 이론이 공산주의 이론이고 공산주의 이념입니다.

그런데 자유민주주의는 정치적으로는 자유민주주의고 경제적으로는 자본주의입니다.

그러나 공산주의는 정치적으로도 공산주의고 경제적으로도 공산주의입니다.

그래서 이들이 사람들을 선동할 때 이 공산주의를 가지고 자본주의를 공격하는 건 아주 쉽습니다.

자본주의라고 그러면 괜히 사람을 무시하고 자본을 중시하는 것 같은 그런 감이 들기 때문에 공산주의가 자본주의를 공격하기가 좋습니다.

그런데 민주주의라는 말에 대해서는 국민이 주인이라고 그러는데 그것에 반대해봐야 그 선동이 먹히겠습니까? 그러니까 이 사람들이 이제 전략을 바꾸는 거예요.

공산주의하고 민주주의하고 바로 붙어가지고는 이게 선동이 안 되겠다. 그래서 어떻게 하느냐 자유민주주의를 향해서 "너희만 민주주의냐, 우리도 민주주의다. 공산주의도 민주주의다" 그럽니다.

왜 너희가 민주주의냐 증거를 대라 그러니까, 공산주의자들이 궤변을 합니다.

자유민주주의는 전 국민이 주인이라고 부르는데 어떻게 전 국민이 다 주인이 되느냐, 주인이 있으면 종이 있고 지배자가 있으면 피지배자가 있는 거지, 전 국민이 주인이라는 건 말이 안 된다. 그래서 말만 전 국민이 주인이라고 해놓고 실제로는 소수의 부르주아가 다수의 프롤레탈리아에 대해서 독재하는 부르주아 독재 또는 부르주아를 위한 부르주아 민주주의다. 이렇게 공산주의자들이 주장합니다.

그래놓고 우리 공산주의는 다수의 프롤레타리아가 소수의 부르주아에 대해서 독재하는 프롤레타리아 독재 또는 프롤레타리아가 주인인 프롤레타리아 민주주의다.

즉 너희는 부르주아 민주주의이지만 우리는 프롤레타리아 민주주의다. 그래서 둘 다 민주주의인 점은 같다.

같은 민주주의인데 너희는 부르주아가 주인인 민주주의고 우리는 프롤레타리아가 주인인 민주주의다. 처음에는 민주주의라는 말을 같이 쓰자고 해놓고 우리도 민주주의라 주장해요. 피차 싸움하면 너하고 나하고 같다, 그러면 싸움이 안 되잖아요.

그런데 이제는 뭐라 그러냐면 어차피 어느 계급이 다른 계급에 대해서 독재할 거라면 소수의 부르주아가 다수의 프롤레타리아에 대해서 독재하는 것보다는 다수의 프롤레타리아가 소수의 부르주아에 대해서 독재를 하는 것이 더 민주적이다.

이건 어디까지나 공산주의자들의 선전이론이고, 실천이론은 그렇지 않다는 것을 아까 말씀드렸죠.

이렇게 공산주의 이론을 설명하다 보면 공산주의 선전이론을 얘기하게 되고, 그러면 그냥 공산주의를 선전하는 게 되기 때문에 꼭 다시 돌아가서 실천이론은 다르다는 점을 확실히 인식시켜 드리고 가야 됩니다.

세 번째가 '궤변'입니다.

언뜻 들으면 그럴 듯한데 자세히 보면 논리에 맞지 않는 것이 궤변 아닙니까. 공산주의자들은 그 궤변을 아주 활용을 잘합니다.

어떤 궤변이 있냐면은, 아까 방금 말씀드린 공산당의 조직 원리가 민주집중제로 민주주의를 집중한다 그랬는데, 노동자의 주권을 집중해서 공산당에다가 준다는 것이 이게 궤변 아닙니까.

궤변이 뭔지 잘 아시죠. 소피스트들 그러니까 말로 하여튼 딴 사람을 이기려고 온갖 이론을 들이대는 거, 예를 들어서 토끼와 거북이의 경주, 옛날 소피스트들이 자주 사용하던 방법입니다.

토끼와 거북이가 경주를 한다. 그런데 토끼가 거북이보다 두 배가 빠르다.

그러면은 거북이가 100m 앞에서만 출발하면 토끼는 절대로 거북이를 추월할 수 없다.

이게 말이 안 되잖아요.

그렇지만 궤변론자들은 이렇게 설명합니다.

토끼가 100m를 따라가면 거북이는 50m 앞에 가 있을 테고 또 그다음에 토끼가 50m를 따라가면 거북이는 25m 앞에 가 있을 테고 또 토끼가 25m를 따라가면 거북이는 12.5m 앞에 가 있을 거고 그래서 영원히 토끼는 거북이를 앞지를 수 없다.

그런데 이건 시간 개념을 딱 거기다가 정해놓고 하니까 그렇지 시간만 지나면 다 넘어가는 거죠.

하여튼 이런 식으로 그냥 논쟁에서 이기기 위해서 상대의 사고를 혼란시켜서 논리적으로 말이 안 되는 얘기를 주장하는 걸 궤변이라고 그럽니다.

그러니까 민주주의 중앙집권제라는 것도 궤변이죠.

어떻게 노동자들의 주권을 공산당한테 위임하는 것이 그게 민주가 집중되는 겁니까. 그것은 노동자들이 주권자의 지위를 벗어나 버리게 되는 건데 하여튼 이런 식의 궤변을 씁니다.

그다음에 **네 번째** 사기 수법이 '억지'를 부립니다.

어떤 억지를 부리느냐.

예를 들어서 주체사상을 말할 때, 인간은 자연의 주인이요, 사회의 주인이요, 자기 운명의 주인이다. 그래서 우주 만물에서 가장 고귀한 존재다, 이게 처음 시작은 이렇게 됩니다.

주체사상은 그래서 여기까지 들으면 여기에 잘못된 얘기가 있습니까. 전혀 없죠.

특히 우리나라 사람들은 이 주체사상의 첫 단계 얘기가 우리 가슴에 팍팍 와닿습니다.

그게 왜 그러냐, 이게 우리 민족의 전통 사상인 인내천(人乃天) 사상의 표현이기 때문입니다.

그런데 다음 두 번째 단계로 가서 뭐라고 그러냐면, "인간은 왜 존재하고 사람은 왜 사느냐" 이렇게 명제를 던집니다.

북한에서는 인간하고 사람을 개념상 구별합니다.

우리는 인간과 사람을 같다고 생각을 하는데, 북한에서는 '인간'은 생물학적인 존재이고 '사람'은 계급의식으로 각성된 인간을 사람이라고 봅니다.

지난번 2018년도에 집권 세력들이 헌법을 개정하려고 그럴 때 헌법 조문에서 국민이란 용어의 상당 부분을 사람으로 바꾸려고 그랬습니다.

계급의식으로 각성된 국민만을 사람이라고 한다. 이런 뜻이죠.

그런데 도대체 인간은 왜 존재하고 사람은 왜 사느냐, 이 문제에 대해서 "인간은 혁명을 위해서 존재하고 사람은 혁명을 위해서 산다" 이렇게 답을 내립니다.

이런 억지가 어디 있습니까. 인간이 혁명을 위해서 존재하고 혁명을 위해서 산다 이건 말도 안 되는 얘기죠.

그 다음으로 세 번째 단계에 가서는 우주 만물에서 가장 고귀한 존재로서의 사람이 그러한 인간 대접을 받을 수 있는 그런 혁명이 성공하려면 신격화된 무오류의 존재인 수령의 지도에 의해서만 가능하다.

공산주의 혁명은 혁명하는 과정에서 수령의 지도를 따르게 돼 있는데, 혁명이 끝난 다음에도 공산주의 사회에서 수령의 절대적인 권한을 인정받기 위해서 주체사상이라는 이론을 만들어 그렇게 하고 있는데 이게 완전히 억지죠.

첫 단계는 맞는 얘기를 해놓고, 두 번째 단계, 세 번째 단계 가서는 완전히 그냥 억지를 부려가지고 수령의 지도를 받도록 얘기를 합니다.

그다음에 이제 마지막으로 **다섯 번째**가 '반복 선전'입니다.

지난번에 문재인 정부가 정권을 잡자마자 제일 먼저 착수한 게 뭡니까?

언론을 장악하는 겁니다.

저도 방문진(방송문화진흥회. MBC 대주주) 이사장으로 있었는데 저를 쫓아내고, 그리고는 MBC 사장 바꾸고, 이런 식으로 KBS 사장 바꾸고, YTN도 다 바꾸고 이랬죠. 이 사람들 좌익들은 언론이 얼마나 중요한지를 압니다.

그런데 지금 정권이 윤석열 정부로 바뀌었어도, 아직까지 물론 여러 가지 장애가 있어서 그렇지만 이런 언론을 그대로 내버려 두면서 제대로 정권 유지가 될지 모르겠습니다.

그래서 하여튼 엉터리 같은 소리도 두 번 세 번 네 번 10번 100번 반복을 하면은 이게 믿게 돼 있습니다.

이런 5가지 사기수법을 교묘하게 섞어 쓰면은 여기에 안 넘어갈 수가 없습니다.

아까 말씀드린 것처럼 이런 사기 수법에 안 넘어가려면 정확한 이념 교육을 따로 받아야 됩니다.

그러면 우리나라에서는 왜 이런 이념 교육을 제대로 하지 못했을까요?

우리나라는 지금 북한과 이념 때문에 분단된 거 아닙니까. 그러면은 이념 때문에 분단된 우리나라에서 왜 우리 제도가 북한보다 좋은 제도인지, 북한 제도가 왜 틀린 제도인지. 이것을 제대로 가르쳐야 국민들이 자기 체제를 유지하기 위해서 같이 싸워줄 거 아닙니까. 그런데 우리나라에서는 전혀 그런 노력이 없었습니다.

여러분들도 아마 제대로 된 이념 교육을 받아보신 분이 없을 겁니다.

그러면 이념 교육을 왜 안 했느냐, 못했느냐?

대한민국 정부도 머리가 있는데 남북이 이념으로 분단됐으면 최소한도 공산주의가 왜 나쁜지, 자유민주주의가 왜 좋은지를 국민들한테 교육을 시켜야 된다는 것을 다 알죠. 그래서 옛날에 윤리나 도덕 시간 이런 때 공산주의 이념 같은 거를 아마 가르치려고 했을 겁니다.

그런데 아까 내가 명지대 윤원구 교수님 말씀을 드렸지만, 교수님이 1970년대 후반에 공산주의 이념이 잘못된 거, 이렇게 이중 구조로 돼 있다는 것에 기본적으로 사기성이 들어 있다는 얘기를 밝혀내기 전에는 이념교육을 제대로 시키지 못했습니다.

그래도 초창기에는, 6·25 전쟁 직후에 우리 국민들이 대부분 공산주의를 실제 경험을 해봤기 때문에 공산주의라는 것이 이게 상종 못할 제도이고, 공산주의 이념이라는 게 아주 나쁜 사상이라고 다 잘 알고 있는 사람들한테 공산주의가 나쁜 제도라고 가르쳐봐야 소용도 없을 것 같고, 그리고 다음으로 가장 중요한 이유가 공산주의 이론 교육을 시키는데 강사들이 공산주의를 비판할 실력 있는 사람이 없는 거예요.

그러니까 이념 교육이라는 것이 그냥 단순하게 공산주의 이론을 가르치는 겁니다. 자본론을 가르치고 유물사관, 노동가치설 무슨 이런 식으로 가르치면, 이것은 공산주의 이론에 대한 반박을 가르치는 게 아니라 공산주의 이론을 선전해 주는 꼴이잖아요.

잘못하면은 선생님들이 이런 거 가르쳤다고 해서 반공법으로 처벌 받는다든지 하는 문제가 있어서 선생님들이 쓸데없는 거 가르치다가 처벌 받고 이러는 일이 생기니까 사실상 이념 교육을 포기해버린 거죠.

그래서 아까 윤원구 교수님이 공산주의 이념의 이론이 이중 구조라는 걸 발견해서, 왜 공산주의 이론이 사기성이냐 허구성이냐 이런 것을 입증을 해가지고, 이제는 공산주의 이론의 허구성에 대한 이론을 교육을 할 수 있는 상태가 됐습니다.

사실은 윤원구 교수님이 공산주의를 강의하기 시작한 것이 1970년대 후반서부터니까 상당히 오래 강의를 하셨는데, 그걸 들은 사람들도 굉장히 많은 데도 저게 왜 얼마나 중요한 얘기인지를 알아들으시는 분들이 별로 없었던 것 같아요.

그래가지고 확산이 전혀 안 되고 있습니다.

그 이론을 확산시키고 있는 건, 저 하나 정도밖에 없어요.

그리고 남은 시간이 많지 않기 때문에 나중에 까먹을까 봐 일단 참고 말씀을 드리겠습니다.

공산주의 이념 곧 좌경이념과 자유민주주의 이념과는 어떻게 차이가 나느냐 하면, 가장 큰 차이가 자유민주주의 이념은 주권자가 전 국민입니다. 국민주권주의예요.

그런데 이 좌경이념은 국민 중에 특정 계급, 일부는 좁은 범위일 수도 있고, 더 넓은 범위일 수도 있습니다.

그러니까 노동자·농민만 주인이냐 또 거기다 노동자·농민·도시 빈민 이런 거까지 합쳐가지고, 인민만 주권자냐, 또 거기다가 청년 학생 지식인 이런 걸 다 합쳐가지고 민중 개념을 정의해서 민중이 주권자냐, 이런 식으로 계급의 범위가 넓어지고 좁아지고는 있지만, 어쨌든 전 국민이 주인이라는 것 하고 특정 계급만 주인이라고 하는 것이 법률적으로 차이입니다.

그래서 민주주의 앞에 자유가 붙은 것만 진짜 민주주의고, 사회민주주의 인민민주주의 이런 것은 다 가짜입니다. 그래서 그런 것들은 전부 공산주의의 아류에 해당된다는 겁니다.

아까 용어 혼란 전술에 대해서 두 번째 사기수법 얘기를 하다가 제가 말한 게 있는데, 그래서 이제 공산주의가 프롤레타리아 민주주의라는 것은 알아들으셨을 겁니다.

그런데 자기네들 내부에서는 "우리는 프롤레타리아 독재다"라고 자랑을 하는데, 즉 프롤레타리아가 자본가 계급에 대해서 독재하는 걸 프롤레타리아 독재라고 자기네들끼리는 자랑스럽게 쓰는데, 자유민주 진영에 있는 사람들은 이 독재라는 말을 싫어합니다.

그러니까 밖으로는 "우리는 프롤레타리아 민주주의다" 그러지요. 그래서 너희는 부르주아 민주주의고 우리는 프롤레타리아 민주주의다.

이제 프롤레타리아 민주주의라고 그러면은 이게 공산주의를 뜻하는 것이라는 의미를 이제 많은 분들이 알게 됐습니다.

그래서 프롤레타리아 민주주의를 자유민주주의나 마찬가지로 우리도 민주주의자다 라고 얘기를 하면 잘 안 속아 넘어가게 됐어요.

그러면 그다음에 어떻게 했느냐?

프롤레타리아 민주주의라는 말 대신에 '민중민주주의'라는 말을 쓰게 됩니다.

그래서 제가 이걸 전부 '변형된 공산주의 이념'이라고 그랬는데, 이 민중민주주의라는 것은 또 우리 국내 좌익세력들이 개발해낸 것도 아니에요.

북한의 인민민주주의를 용어가 비슷한 민중민주주의라는 말로 바꾼 겁니다. 인민민주주의를 바로 주장하면 이건 북한에서 사용하는 공산주의나 똑같은 것이어서 바로 처벌될 거 아닙니까. 그러니까 민중민주주의라고 바꿨습니다.

제가 1985년에 민중민주주의를 주장하는 사람을 국가보안법상 이적 표현물 제작으로 적발해가지고 기소해서 그것이 유죄 판결로 확정됐습니다.

민중민주주의는 공산주의 아류다, 아니 변형된 공산주의다. 그래가지고서는 그 사람들을 처벌하게 되니까 이제 민중민주주의라는 말도 못 쓰게 됐습니다.

그 다음에 무슨 말을 쓰느냐?

진보적 민주주의라는 말을 썼습니다.

진보적 민주주의라는 말도 이게 어디서 나온 얘기냐. 자기네들이 개발해낸 용어가 아니고, 북한의 김일성이 자기네 인민민주주의를 미화하기 위해서 "우리는 진보적 민주주의다"라고 얘기를 해서 진보적 민주주의라는 말을 쓴 겁니다.

진보적 민주주의가 어디서 나왔는지 혹시 기억하시는 분 있습니까.

통진당이지요. 지금 제가 이런 강의를, 이 같은 내용을 서너 번 더 해도 되겠어요.

지난번에 들으신 분들이 아무도 기억을 못하니, 이게 이석기하고 직접 관계는 없고 통진당을 위헌정당으로 해산한 이론적 근거를 제가 밝혀냈는데, 제가 그동안에 민중 민주주의가 이적 이념이고 이런 것들을 제가 쭉 밝혀왔기 때문에 통진당의 진보적 민주주의도 이적이념인 것을 제가 알 수 있었던 겁니다.

하여튼 통진당이 말만 진보적 민주주의라고 하면서, 그럼 진보적 민주주의 내용이 뭐냐? 물으면, 자기네들끼리 민중주권을 확보한다, 민중이 주인이 되는 나라를 만든다 그랬는데, 그게 바로 민중민주주의 내용이거든요.

제가 민중민주주의가 이적이념이라는 걸 밝혀냈기 때문에, 저는 바로 알고 그걸 위헌 정당으로 규정한 거죠.

참고로 박근혜 대통령에 대해서 오해를 하시는 분이 있을까 봐 제가 말씀을 드리는데, 지난번에 박근혜 대통령을 탄핵시키면서 박근혜 대통령은 그야말로 꼭두각시이고 최순실이가 다 알아서 했다고 그러는데, 그게 아니고 이 중요한 결정은 전부 박근혜 대통령이 한 겁니다.

그것을 확인할 수 있는 사례를 간단하게 말씀드리겠습니다.

김기춘 비서실장이 비서실장직을 물러나신 다음에, "저는 2006년도부터 10년 이상 애국단체 활동을 했지만 하나도 성과를 못 거둘 뻔했는데 실장님 덕분에 큰 성과를 거둘 수 있었습니다."라고 말씀드린 적이 있어요.

제가 김기춘 실장님한테 건의한 것이 통진당은 위헌정당이니 해산시킬 것, 또 전교조를 법외 노조화시킬 것, 또 우리나라 교과서 중 왜곡된 현대사 교과서를 시정할 것 등을 말씀드렸습니다.

통진당 해산과 전교조 법외 노조화는 완전히 실현이 됐고, 현대사는 국정교과서를 만들려고 하다 정권이 바뀌는 바람에 실현은 안되었지요.

그래서 '감사합니다' 라고 말씀을 드렸더니, 김기춘 실장님이 저한테 하시는 말씀이 "고 검사장 생각을 좀 해보시오. 만일 정부가 통진당 해산을 헌법재판소에다 청구를 했다가 헌법재판소에서 기각이 되면 누가 그 책임을 지겠습니까? 그것은 내가 할 수 있는 일이 아니고 박근혜 대통령이 직접 결정하신 겁니다."

박근혜 대통령이 결심을 안 하면 할 수가 없다는 사안이었음을 강조한 것입니다.

그래도 하여튼 박근혜 대통령이 그때 하시도록 옆에서 보좌하신 분이 실장님이니까 저는 실장님께도 감사하고 박근혜 대통령께도 감사해야 되는 거 아닙니까. 그런 적이 있는데 그래서 저는 강의할 때마다 박근혜 대통령이 남자 대통령 10명보다 낫다고 밖에다 내놓고 다니며 말하고 있습니다.

그러니까 박근혜 대통령이 결단력이 없다느니 하는 그런 거는 아주 말이 안 되는 모함입니다.

다음에는 전교조 얘기를 하겠습니다.

전교조가 표방하는 참교육이 이적 이념인 것을 제가 발견해서 1989년도에 1차로 전교조를 해산시킨 적이 있습니다.

그런데 1999년에 김대중 대통령이 다시 전교조를 합법화시키고 지금 이 모양까지 왔는데, 그 얘기를 잠깐 좀 드리겠습니다.

1986년도에 제가 서울지검 공안부에서 근무하고 있을 때 민중교육이라는 책자가 문제가 되었습니다.

민족·민주·민중 교육을 줄여서 민중교육이라고 그럽니다.

이 책자를 쓴 고등학교 선생님 세 분이 구속이 되었는데, 그 사건을 기소하신 분이 다른 데로 전근을 가는 바람에 제가 그 사건의 공판에 관여하게 됐습니다.

원래 공판 관여 같은 거는 그냥 공판 카드에 써 있는 것만 보고 읽어주면 되는데, 저는 이념 교육을 제대로 못 받고 공안 검사가 됐기 때문에 도대체 뭐가 문제인지를 알아보려고 민중교육 책도 다 읽어보고 노트에 기재된 것과 메모지 이런 걸 제가 다 봤습니다.

그랬더니 거기에 어떤 얘기가 써 있냐면, 그 당시 1986년쯤 되면 대학가가 전부 빨갛게 돼서 우리 공안 담당자들은 엄청 걱정을 하고 있었는데, 자기네들은 또 자기네들 나름대로 불만이 많더라고요.

뭐가 불만이냐 하면, 아까도 내가 잠깐 혁명론 얘기를 했습니다만 이렇게 학생들을 열심히 의식화시켜놨는데 왜 여태까지 혁명이 성공 안 되느냐, 민중혁명이 어째서 성공 안 되느냐 하는 문제에 대해 자기네들 나름대로 분석을 많이 해놨어요.

뭐라고 분석을 해놨느냐, 이 대학생들이라는 게 머리에 먹물이 들어있어서 아무리 많이 알아도 행동하는 데는 한계가 있다는 겁니다.

'그러면 어떻게 해야 혁명이 성공이 되느냐? 4·19 혁명 때를 봐라!' 이 사람들은 민중혁명의 성공 사례로 4·19 혁명을 예로 듭니다.

'그때는 초·중·고등학생들까지 전부 다 뛰쳐나오지 않았느냐!'

'그러니까 민중혁명이 성공하려면 초·중·고등학생들을 전부 끌어내야 된다. 그런데 대학생들을 의식화시키는 것은 스터디그룹으로 의식화 학습 조직을 통해 교육시켜서 의식화를 시킬 수 있었는데, 초·중·고등학생은 그럴 수가 없지 않느냐. 그래서 선생님들이 노동조합을 결성해가지고, 이 노동조합을 중심으로 초·중·고등학생들을 의식화시켜야 된다.'

결론을 이렇게 달아놨더라고요. 그 당시에는 법적으로 교사들이 노동조합을 결성할 수가 없었습니다.

그래서 무슨 선생님들이 이런 황당한 소리를 하느냐 그러고 말았는데, 1989년이 되니까 연초에 교사들이 노동조합을 결성한다고, 전국 교직원 노동조합을 결성한다고 막 울근불근하는데, 그 당시 저는 대검에서 공안연구관으로서 노동을 전담하고 있었어요.

사실은 전교조도 노동 조합이니까 제가 담당을 해도 되지만, 선생님들이라고 교육부에서 담당을 한다니 저희 검찰에서도 교육부에 대응하는 학원 전담이 교직원 노조를 담당하고 있었습니다.

　저는 제 일이 아니니까 당장 신경 쓸 여유가 없이 있는데, 하루는 공안연구관의 지휘권자인 공안기획관이 회의를 하자고 연락이 와서 기획관실에 갔습니다.

　무슨 회의냐 그러니까, 요새 선생님들이 저렇게 노동조합을 만든다고 그러는데, 도대체 저분들이 얘기하는 참교육이 무엇이며, 왜 갑자기 선생님들이 노동조합을 만들겠다고 그러느냐고 묻는 겁니다. 그런데 연구관이 여섯 명이 있어도 아무도 모르더라구요.

　제가 우연히 민중교육지 사건을 담당했었으니까 아는 거지, 그래서 아무도 얘기가 없길래, 제가 그 참교육이라는 건, 일본 교육 황폐화의 주범이라고 할 수 있는 일본 교원노조가 쓰는 참 진(眞)자 '진교육(眞教育)'을 우리 말로 바꿔서 '참교육'이라고 그러는 겁니다 라고 설명했죠.

　그들이 왜 참교육을 하려고 그러느냐, 기존의 교육은 전부 가짜 교육이다. 그러면 왜 기존의 교육을 가짜 교육이라고 하느냐?

　그 근거는 지금 학생들 대부분이 민중계급의 자식들이고 이 학생들이 나중에 사회에 나가면 대부분 민중계급이 될 텐데, 민중 계급의 자식이고 앞으로 민중이 될 학생들한테 자본가를 위한 자본주의 교육을 시키는 건 가짜 교육이다.

　그럼 어떤 것이 진짜 교육이냐?

　민중이 주인인 나라를 만드는 능력을 키워주는 교육, 즉 민중혁명 역량을 키워주는 교육이 진짜 교육이다.

또, 왜 이 선생님들이 노동조합을 만들려고 그러느냐?

그것은 아까 말씀드린 것처럼 초·중·고등학생들을 거리로 끌어낼 수 있도록 의식화교육을 시키는 주체가 되기 위해서 노동조합을 만들려고 그러는 거다.

이렇게 저는 종전에 읽은 것을 그냥 제가 아는 대로 얘기를 했는데 이 반응이 전혀 뜻밖이었습니다.

공안기획관하고 다른 공안연구관 다른 5명이 한결같이 '고 검사를 보면 항상 좀 과격해요.'하며 '우리나라 선생님들이 그럴 리가 있냐'고 수긍할 수 없다는 듯이 말들을 해요.

과격한 게 아니라 나는 아는 얘기를 한 것뿐인데, 이 사람들은 자기가 모르는 걸 다른 사람이 안다는 사실을 잘 인정하지 않으려고 했어요.

자기가 모르는 것을 다른 사람이 안다고 할 때, 성격이 과격하다는 식으로 비하를 했지요.

그리고 과연 고 검사의 얘기를 대검의 공식 의견으로 할지를 투표를 해보자고 그러더라고요. 그래서 제가 "아니, 아는 사람하고 모르는 사람하고 무슨 투표냐. 그리고 나는 지금 10년 전부터 공안 검사를 했고 당신네들은 겨우 엊그제 공안부로 와서 공안 검사를 하고 그러는데 이게 무슨 투표거리가 되느냐. 아니면 말아라. 내 나라만 망하냐 니 나라도 망하지" 그러고서 화가 나 내 방으로 돌아왔어요.

조금 있으니까 공안기획관이 나를 부르더라고요. 갔더니, 그 당시 대통령이 노태우 대통령인데 대통령이 노발대발했다는 거예요.

"지금 선생님들이 불법적으로 이렇게 노조를 조직하겠다고 그러는데 도대체 공안 수사기관들이 뭐 하고 있는 거냐"

그래서 이제 급히 청와대에서 관계기관 합동회의가 열리게 되었는데, 원래는 교육 문제니까 우리 학원 담당이 가야 되지만 학원 담당은 여기에 대해서 아무것도 아는 게 없는 것 같고, 고 검사 말이 미덥지는 않지만 뭔가를 아는 것 같으니까 고 검사가 대신 좀 가달라고 했어요. 상사가 가라고 하니까 가는 수밖에 없지요.

그런데 같은 공안 검사들도 내 말을 안 믿어주는 판에, 내가 지금 청와대 가서 얘기하면 다른 기관에서 나를 미쳤다고 그럴 거 아니에요.

그래서 가라는 대로 내가 회의를 가긴 가는데 청와대에서는 일체 아무 말도 하지 말고 있어야 되겠다고 생각을 했습니다.

청와대 회의에 참석해 보니까, 당시 회의를 주재하는 분이 윤여준 정무비서관이예요.

윤여준 씨 아시죠. 이분이 회의를 진행하는데 각 부처에서 국장급들이 한 20명쯤 이렇게 와 있었어요. 거기서도 물어보는 게 똑같았어요.

도대체 저 사람들이 얘기하는 참교육이 무엇이며, 왜 선생님들이 갑자기 노동조합을 만들려고 그러느냐?

그런데 옆에 안기부·보안사·경찰·기무사 또 교육부·노동부 등 다 물어봐도 아무도 아는 사람이 없는 거예요.

모릅니다. 모릅니다. 전부 그랬어요.

윤여준 비서관이, 마지막으로 대검에서 오신 고 검사님 한 말씀 좀 해 주시죠. 그러는데 나까지 모른다 그러면 그냥 끝나버리게 되겠더라고요. 그래서 욕 먹을 각오를 하고 아까 공안 기획관한테 말씀드렸던 얘기를 다 했어요.

근데 여기는 분위기가 전혀 다른 거예요.

윤여준 비서관이 "아이고 고검사님 그것 좀 어떻게 글로 써주실 수가 없습니까" 그래요, 아니 뭐 남자는 자기를 알아주는 사람을 위해서 목숨도 버린다는데, 알았다고 대답했지요.

그날 밤에 집에 들어와 가지고, 공안연구관이 얼마나 바쁜 자리인데, 밤샘 해가지고 「전교조가 표방하는 참교육의 실체」라는 제목으로 글을 써서 청와대에 보내줬어요.

그랬더니 청와대에서는 그걸 가지고 예쁘게 팸플릿을 만들어서 전국 초·중·고등학교에다가 배포를 했습니다.

그리고 그다음 월요일 날이 마침 대검에서 확대 간부회의가 열리는 날인데, 그때 무슨 관행이 있었냐면은 연구관들이 한 20명 되는데 이 사람들이 돌아가면서 사회에 문제가 되는 토픽을 정해서 검사장님들의 눈과 귀를 틔워 준다고 발표를 하도록 돼 있었어요.

근데 마침 그때 월요일 날이 내가 발표할 순번이었어요. 그 당시에 전교조 문제가 한참 시끄러웠고, 나는 이미 자료는 다 준비돼 있으니까 그래서 내가 월요일 아침에 그걸 보고 드렸어요.

그 당시에 검찰총장이 김기춘 검찰총장이신데 내가 쭉 보고를 드리니까, 김 총장님이 또 얼마나 정확한 분입니까. "아 고검사 그거 당장에 언론에 배포해"라고 지시하셨습니다.

발표문이 준비되어 있으니 복사만 하면 되니까 곧 복사해가지고 대검 기자실에 가지고가서 다 나눠주었습니다. 그랬더니 그다음 날 각 신문에 양면을 꽉 채워서 내가 쓴 대로 한 글자도 빼놓지 않고 「전교조가 표방하는 참교육」이라고 다 보도가 나갔어요.

그런데 그때가 어떤 때였냐 하면 그 당시 전교조에 가입한 교사가 한 2만 명쯤 됐었어요.

그 당시 문교부의 정원식 장관이 정확한 날짜는 기억 안 나지만 예컨대 6월 30일까지 탈퇴를 하지 않으면 전원 해직 처리하겠다고 공표를 했었어요.

이제 그러고 있는데 사흘 전까지 탈퇴한 사람이 10여 명밖에 안 됐어요.

다만 사실상 2만 명 선생님들을 전부 해직시킨다는 게 이게 무리잖아요.

그런데 「전교조가 표방하는 참교육」의 실체가 그대로 언론에 게재되고 난 다음에 이틀 동안 선생님들이 전교조에서 93%가 탈퇴를 했습니다.

결국은 1,490명만 남았어요.

그래서 1,490명을 해임 처리함으로써 전교조 문제가 해결됐죠.

그러니까 정원식 장관은 어떻게 해서 이 문제가 해결됐는지를 자세히 알잖아요.

그래가지고 대검에 고맙다고 100만 원을 보내왔는데 그때 공안부장이 이건개 검사장이에요.

이건개 검사장이 나를 부르더니 이건 고 검사가 한 거니까 우리 반씩 나눠갖자. 그래서 그때 저도 50만 원을 받았습니다.

그러면 아까 하던 용어혼란전술에 대해 좀 더 언급하겠습니다.

진보적 민주주의까지 했었죠. 그래서 이제 공산주의라는 말도 못 쓰죠.

민중민주의라는 말도 못 쓰죠, 진보적 민주주의라는 말도 못 쓰죠, 그 다음엔 어떻게 했겠습니까.

이제 그냥 민주주의라는 말을 쓰는 겁니다.

그것이 언제였냐 하면 2018년 헌법 개정할 때 자유민주주의에서 자유를 빼고 민주주의를 쓴다고 했지 않습니까. 그런데 우리나라에서는 민주주의나 자유민주주의나 뭐가 차이가 있느냐, 똑같다고 생각하잖아요.

그런데 그게 아닙니다. 사실은 왜 우리가 그걸 아냐면 저는 공안을 쭉 해 오면서 북한의 행태를 추적을 해왔기 때문에, 2010년도에 북한에서 노동당 규약을 개정하면서 종전에 대남적화혁명전략을 민족해방 인민민주의 혁명전략이라고 했었는데

갑자기 민족해방 민주주의 혁명전략으로 인민을 빼버렸어요.

근데 그 당시에는 인민민주주의 혁명전략을 그냥 민주주의 혁명전략으로 왜 인민 자를 뺐을까, 뭐가 변경이 있나보니 아무 변경도 없어요.

지금 이제 우리가 생각을 해보니까 아까 좌익들은 자기네 인민민주주의가 진짜 민주주의라고 주장한다고 그랬죠.

기억하십니까. 자유민주주의는 가짜 민주주의고 프롤레타리아 민주주의, 인민민주주의가 진짜 민주주의라고 그랬잖아요.

네 그래서 2010년쯤 되니까 북한에서 굳이 인민민주주의라고 부를 게 뭐 있느냐.

민주주의하면은 그게 바로 인민민주주의이지 따로 인민민주의라고 말할 필요가 없다. 그래서 인민을 뺀 거예요.

그런데 우리나라 좌익세력들이 북한의 그걸 그대로 배워가지고 우리나라에서도 자유를 빼고 민주주의로 만들면 그게 바로 인민민주주의 헌법이 된다고 본 겁니다.

그런데 다행스럽게도 우리(애국우파)가 결사 항전을 해가지고 그걸 막았지 않습니까. 그러면 헌법 개정이 안 돼 있으니까 우리나라는 지금 자유민주주의 헌법이 맞잖아요. 그럼에도 불구하고 이것들은 우리나라 헌법이 자유민주주의 헌법이 아니라는 거예요.

헌법 개정도 안됐는데, 억지와, 반칙을 써서 헌법 개정이 된 것과 마찬가지로 효과를 거두려고 한 것입니다.

그래서 고등학교 역사 교과서 편수지침에다가 자유민주주의라는 말을 못 쓰게 했어요. 그냥 민주주의로 다 바꿨어요.

왜 바꿨느냐 나중에 따져 보니까 뭐라고 얘기하냐면, 우리나라 헌법이 자유민주주의 헌법이라는 것에 대해서는 이견이 많이 있기 때문에 그냥 민주주의로 바꿨다고 합니다.

그건 말이 안 되는 얘기죠. 자유민주주의 헌법이라는 사실에 이견이 있으면 학계에서 논의를 해가지고 정상적으로 바꿔야죠. 완전히 헌법 개정이 무산됐는데 헌법을 완전히 무시하고 그냥 자기네들이 편수지침을 바꿔가지고 역사교과서에는 자유민주주의라는 말이 안 나옵니다. 못 쓰게 돼 있어요.

그런데 거기다 한발 더 나아가 윤리와 사상이라는 교과서에서 더 큰 문제가 생겼어요.

윤리와 사상이라는 교과서가 5종이 있는데 그중에 3종에서 국민주권이라는 말을 빼고 인민주권으로 바꿔놨어요.

그런데 아까도 말씀드렸지만 지금 통진당이 해산된 것은 국민주권을 부정하고 민중주권을 주장했기 때문에 위헌 정당으로 해산이 됐는데, 이제 민중주권도 아니고 아예 인민주권이라고 이렇게 해놔버렸어요.

지금 제가 공안검사로 아직까지도 있었으면, 그 교과서 담당자들은 문교부 장관서부터 말단까지 모조리 다 구속수사 했을 텐데 지금 이렇게 물러 나와 있어가지고 힘없이 쳐다보고만 있습니다.

혹시 뭐 질문 있습니까?

질문   인민하고 민중하고 국민하고의 차이를 좀 설명해 주십시오.

답변   인민이나 민중은 그 범위에 다소간 차이가 있으나, 어쨌든 국민들 일부를 포함합니다.

위헌 정당이 되려고 한다면 헌법의 아무 조항이나 위반한다고 위헌 정당이 되는 게 아니라 자유민주적 기본질서에 해당되는 규정에 위반해야 그게 위헌 정당이 됩니다.

그런데 제가 조갑제 대표하고 서정갑 본부장과 식사를 하던 중, 이분들이 민주노동당 어떻게 저런 정당이 우리나라 국고 지원을 받는 정당이 될 수 있느냐 저것 좀 어떻게 위헌 정당으로 해산시킬 수 없느냐 해가지고, 제가 민주노동당 강령을 찾아보았습니다.

아까도 말씀드린 것처럼 외형으로는 진보적 민주주의를 주장하면서, 그 내용으로는 민중주권을 주장했더라고요. 근데 저는 민중주권이 무슨 뜻인지를 아니까 이건 국민주권에 반하는 내용이거든요.

그래서 이것은 틀림없이 위헌 정당으로 할 수 있다고 제가 판단 하는데 그렇다고 제가 개인적으로 민중 주권이 잘못됐다고만 알아가지고 는 소용이 없잖아요.

무슨 근거를 대야지요.

그래서 우리나라 헌법재판소의 결정 예에 자유민주적 기본질서에 해당되는 조항이 뭐냐 하고 찾아보았습니다.

삼권 분립 제도, 재판권 독립, 자유민주 시장경제, 복수 정당제도 지금 이런 식으로 주욱 나오는데 국민주권주의라는 말이 없어요.

그러면 제가 민중주권, 이것이 바로 국민주권주의에 위반된다고 주장해봐야 소용없잖아요.

우리 헌법재판소 결정 예에 그런 게 없는데, 그래서 제가 야 이게 문제다 싶었어요. 그런데 우리나라 헌법 재판에서는 서독 연방헌법재판소의 결정례를 많이 참고합니다.

이미 공산당도 나치당도 해산시킨 전력이 있기 때문에 제가 그 관련 규정을 찾아봤어요.

그런데 서독 연방헌법재판소 결정에서는 자유민주적 기본질서란 맨 첫 번째에 국민주권주의가 기재되어 있었습니다.

그러니까 우리나라 헌법재판관들이 국민주권주의가 무슨 의미를 가지고 있는지를 몰라가지고 서독 연방헌법재판소 결정을 베낄 때 나머지 순서를 그대로 다 베꼈으면서도 국민주권주의만 빼놓은 거예요.

그래서 내가 법무부에다가 청원할 때 서독 연방헌법재판소 결정례를 붙여가지고 국민주권주의는 우리나라 헌법의 민주적 기본질서에 해당된다. 거기에 반(反)하니까 이건 위헌 정당이다.

그렇게 이론 구성을 해가지고 청원을 한 거죠.

무슨 말씀인지 아시겠습니까. 이게 국민주권주의에 반(反)하거든요.

3강

NL(민족해방)과 PD(민중민주)

조동근 교수님이 아주 수준 높은 강의를 해 주셨는데 무슨 말씀인지 잘 알아들으셨나요. 좀 어렵죠.

이걸 알아들으시면 대단한 수준입니다.

결국은 공산주의 이론이 틀렸다는 것이거든요.

자유민주주의 체제가 맞다는 말씀이신데 그것을 이해하는 방법이 저와는 조금 다릅니다.

공산주의가 선전 선동에 강하지 않습니까.

능력에 따라 일하고 필요에 따라 분배한다고 그랬었지요. 그런데 지금 교수님께서는 그것이 절대로 성공할 수 없다고 하셨어요.

공산주의자들이 하는 선전 선동 내용이 그게 절대로 성공할 수 없다고 접근을 하신 겁니다.

그게 바로 옛날에 이승만 대통령께서도 공산주의 이념은 인간 본성에 반하기 때문에 그건 절대로 성공할 수 없는 제도라고 말씀하셨지요. 그 옛날에 공산주의 선전 선동만 우리가 듣고 있을 때인데도 그랬습니다.

"저것은 인간 본성에 반하기 때문에 절대로 성공할 수 없다"라고 판단하신 것이 대단한 능력이시죠.

우리나라에서 6·25 전쟁 전에는 우리 국민들 여론조사를 해보니까 70%가 사회주의를 지향하고, 7%가 공산주의를 지향하고 있었습니다. 그런데 사회주의나 공산주의는 사실상 같은 뜻인데, 자유민주주의가 뭔지도 모를 때였어요.

결국 자유민주주의는 한 10% 정도가 지지를 하고, 77%가 공산주의를 지지할 때인데도 이승만 대통령께서 우리나라를 자유민주주의 체제로 세워주셨습니다. 그게 우리 국민들에게는 엄청난 행운이었지요.

우리나라에서는 사실 남북이 이념으로 대립하고 있기 때문에 다른 어느 나라보다도 자유민주주의가 왜 좋은 제도인지, 공산주의가 왜 틀린 제도인지에 대해 교육을 잘 시켜야 하는데, 교육을 못 시켰어요.

지난번에 한 번 말씀드렸기 때문에 최대한 간략하게 요약해서 다시 언급한다면, 왜 그러한 이념 교육을 못 시켰느냐?

첫째는 6·25 전쟁을 겪으면서 사람들이 전부 공산주의가 나쁘다는 것을 체험했기 때문에 새삼스럽게 공산주의가 왜 나쁜지에 대해 설명할 필요가 없었고, 더 중요한 이유는 공산주의가 왜 나쁜지를 설명할 수 있는 강사가 없었어요.

그런데 방금 강의하신 조동근 교수님 같은 분이 강사로 계셨더라면 설명이 됐을지 모르겠으나, 조 교수님 말씀도 알아듣기가 어렵잖아요.

왜 공산주의가 나쁘다는 것인지 쉽게 알아듣기가 어렵거든요.

그래서 윤리 도덕 시간에 공산주의 과목을 넣어서 이념 교육을 해보려고 해도 강사 자신이 공산주의가 어째서 나쁜 지에 대해 설명을 못하는 겁니다. 이념교육 시간에 공산주의를 가르치라고 하면 공산주의가 나쁘다는 이유를 가르쳐야 되는데, 그걸 가르치지 못하고 유물사관이라든지 자본론이라든지 노동가치설이라든지 이런 공산주의 이론에 대해 평면적 설명을 하니까, 오히려 공산주의를 선전해주는 것밖에 안 되잖아요.

그래서 자칫 잘못하면 공산주의를 찬양하는 꼴이 되어서 반공법 위반으로 강사가 처벌받기도 하고, 사실상 이념 교육을 포기한 상태가 되었습니다. 그런데 다행스럽게도 1970년대 후반에 명지대학교 윤원구 교수라는 분이 나타났습니다.

이 분은 공산주의 이론에 정통하신 분이죠.

윤 교수께서 학교에서 공산주의 이론을 강의하셨는데, 이 양반이 혼자 곰곰이 생각을 해보니까, 1970년대 후반에 세계가 공산주의와 자유민주체제로 양분이 되어 있었고, 공산주의 국가가 그때까지의 이론으로는 노동자·농민이 주인이 된다고 했으니 노동자·농민이 주권자이면 자유민주주의 국가의 노동자보다 지위가 향상이 돼 있어야 함에도, 공산주의 국가는 하나같이 수령 1인 독재체제였습니다. 주인이 된다는 노동자들은 아무런 주권도 없이 그야말로 자유민주주의, 자본주의 체제에 사는 노동자보다 훨씬 불우한 생활을 하고 있었습니다.

그래도 사람들은 그런 것까지 심각하게 생각을 안 하고, '공산주의가 이론은 좋은데 현실이 그에 미치지 못해서 이런 결과가 나타난다'

라는 정도로 생각을 하고 있었던 거예요.

윤원구 교수님은 공산주의 이론에 정통한 분이기 때문에, "아니 그게 말이 되느냐 이론이 좋으면 결과도 좋아야지, 이론이 좋은데 어떻게 하나같이 결과가 저 모양이냐, 이것은 뭔가 공산주의에 비밀이 있다"라고 생각한 겁니다. 그래서 당시 공산주의 종주국인 소련의 정치학 교과서와 경제학 교과서, 이런 책들을 찾아가지고 다시 공부를 했어요. 연구를 해 보니까 공산주의 이론에 비밀이 있다는 사실을 알게 된 것입니다.

공산주의 이념은 애초부터 이중 구조로 돼 있다는 사실을 알게 된 것이지요.

무슨 말이냐 하면, 우리한테 선전하는 내용은 공산주의 선전이론이고, 그래서 우리는 공산주의 선전이론 밖에 못 듣는 건데, 자기네 공산주의 내부에서 적용되는 이론으로 실천이론이 따로 있어서 선전이론과는 완전히 다르게 이중 구조로 돼 있음을 밝혀낸 것입니다.

그래서 사람의 심리도 이중성이고, 이론도 이중 구조로 돼 있다는 걸 알게 된 거예요.

그렇다면 겉으로 하는 말과 속마음이 다르다는 것은 처음부터 사기꾼이라는 얘기 아닙니까.

따라서 "공산주의 이념, 즉 좌경이념이라는 건 기본적으로 사회적 약자를 이용하여 정권을 획득하려는 사기극이다"라고 제가 정의를 했는데, 바로 이 분이 발견한 공산주의 이론의 허구성을 근거로 하여 정곡을 찌른 것이지요.

그러니까 조 교수님이라든지, 이승만 대통령이라든지 이런 분들은 공산주의자들의 선전을 듣고서 그것은 인간 본성에 반하는 내용이기 때문에 "즉 능력에 따라 일하고 필요에 따라 분배한다"라는 주장이 그게 현실에서 맞을 수가 없다며 속지를 않았는데, 다른 사람들은 "노동자·농민이 주인이 된다."라는 거짓말에 속아 넘어가는 일이 다반사란 말입니다.

이런 말에 대해서도 이성을 가지신 이승만 대통령 같은 분은 "저거는 인간 본성에 맞지 않는 주장이기 때문에 그런 이념은 성공할 수가 없다."고 판단했어요. 그러나 대부분의 사람들은 그렇게 판단할 능력이 없어요.

사실, 그런 건 아주 어렵습니다. 그런데 아까도 말씀드렸지만, 윤원구 교수님이 공산주의 이론의 허구성을 발견해가지고, 그다음부터는 공산주의가 왜 나쁜지 설명할 수 있게 되었지요.

그러니까 지난번 강의를 못 들으신 분도 있을 것 같아서 약간 요약해서 말씀드리면, '노동자·농민이 주권자가 된다' 라고 그렇게 선전을 하는데 소련에서 실제로 적용하는 실천이론을 보면, 처음에 노동자·농민이 주권자가 된다고 해놓고서는 "농민을 믿지 말라, 권력은 계급 간에 나눠 가질 수 없다"라며 농민에게는 절대로 권력을 나눠주지 말라고 돼 있어요.

그러면은 처음에 노동자·농민이 주인이 된다고 그랬다가 농민에게는 권력을 나눠주지 말라, 주권을 주지 말라고 하니까 우선 주권자에서 농민은 빠지게 되죠.

그런 다음 노동자는 진정한 주인이 될 수 있는가?

노동자가 수백만 수천만이 되는데 이 노동자들이 어떻게 주권 행사를 효율적으로 할 수 있겠습니까. 그래서 효율적인 주권 행사를 위해서 그 노동자가 가지고 있던 주권을 공산당한테 위임을 하도록 돼 있어요.

이것이 공산당의 조직 원리인 민주주의 중앙집권제, 약칭해서 민주집중제라는 이론이예요.

그래서 공산당한테 주권을 줘버리면, 어떻게 노동자가 주권자입니까? 주권자가 아니죠.

이 주권이라는 것은 절대적인 권력이기 때문에 주권자의 명령을 거역하면 안 돼요. 이의를 제기할 수가 없어요.

그러면 노동자로부터 주권을 양도받은 공산당은 주권자가 될 수 있나요?

공산당원도 몇만 명이 될 텐데 이 사람들이 어떻게 효율적인 주권 행사를 할 수 있겠어요.

그러므로 효율적인 주권 행사를 위해서 다시 공산당의 주권을 중앙위원회에다가 위임을 합니다.

중앙위원들도 수십 명, 수백 명이 되는데 이 사람들이 어떻게 효율적인 주권 행사를 할 수 있겠어요?

다시 민주집중제의 이론에 의해서 그걸 정치국에다 위임하고, 정치국원도 수십 명이 될 텐데 어떻게 이 사람들이 효율적인 주권 행사가 되겠습니까. 그래서 다시 민주집중제의 원리에 따라서 수령한테 주권을 위임하게 되지요.

결국 공산주의 국가는 어느 공산국가든지 주권자는 국민도 아니고, 노동자·농민도 아니고 공산당도 아니고 오로지 수령 1인만이 주권자예요.

그러니까 수령이 주권자이기 때문에 수령의 명령에 대해서는 무조건 복종을 해야 되겠죠.

거기에 대해서 이의를 제기한다든지 하면, 그런 건 완전히 반역 문제가 될 뿐이에요.

여태까지 말씀드린 것은 좌경이념의 실체라든지, 자유민주주의의 적이라든지 이런 부분을 제가 강연할 때 했던 말씀인데, 오늘은 마침 우리 조동근 교수님께서 '공산주의 선전이론대로 따라가서는 절대로 성공할 수 없다'고 말씀을 하셨기에 제가 조금 더 알기 쉽게 보완 설명을 드렸습니다.

오늘, 제가 드릴 말씀은 NL과 PD입니다.

우리나라 좌익 세력들은 크게 봐서 NL과 PD로 구분됩니다.

1980년대에 우리나라 전국 대학가에서 일제히 반미 친북 좌경의식화 학습이 시작됐습니다.

그래서 의식화 학습 서클에 가담했다가 잡혀 온 학생들에게 그 의식화 학습이라는 게 결국은 공산주의를 찬양하는 내용이기 때문에, 제가 조사를 하면서 물어봤습니다.

왜 갑자기 이렇게 전국에서 일제히 의식화 학습을 하느냐?

중간 얘기는 다 생략을 하고, 오늘은 NL과 PD를 설명하는 데 주력을 두려고 합니다.

학생들의 발언 취지는 이렇습니다.

1980년대에 12·12와 5·18을 겪으면서 우리 대학생들이 그 당시에 집권한 전두환 정부가 군사 정권이라는 것에 대하여 엄청난 거부감을 가졌습니다. 그리고 대통령 선거를 하는데 통일주체국민회의가 체육관에서 간접선거를 해서 대통령을 선출하게 되니까, 이 학생들이 자기네들 힘으로는 정권교체를 할 수 없다는 그런 엄청난 좌절감에 빠지게 됩니다.

군사정부에 대한 거부감과 평화적 정권 교체를 할 수 없다는 그런 좌절감 때문에 엄청나게 학생들이 실의에 빠지게 되었지요.

그런 상황에서 학생들이 이런 게 자유민주주의라면은 도대체 자유민주주의가 왜 좋으냐, 왜 우리가 자유민주주의 체제를 택해야 되느냐에 대해서 회의를 갖게 됩니다.

이럴 때 좌익 세력들이 은밀히 접근을 해가지고 훈수를 해줍니다.

"맞다. 너희들 말대로 현 체제로는 평화적 정권 교체가 불가능하다. 너희들 말이 맞다. 그러면 어떻게 해야 정권교체가 가능하냐? 오로지 공산혁명에 의해서만 가능하다."

그래서 당시에 젊은 사람들이 전두환 정부만 없앨 수 있다면 그야말로 악마한테 혼이라도 팔 수 있다 라고 생각했답니다.

파우스트처럼 악마에게 혼이라도 팔 수 있다라는 그런 어리석은 생각이죠.

우리가 볼 때는 그래도 공산주의보다는 전두환 정부가 더 나은 것 같은데, 그때 학생들은 워낙 거부감이 심했기 때문에 "하여튼 이 전두환 군사 정부만 없앨 수 있으면 악마한테 혼이라도 팔 수 있다" 라는 그런 생각을 가지고 있었어요. 그래서 공산주의 이념과 이론을 받아들이면서 아주 쉽게 빨려 들어갔죠. 그 이후 5~6년이 지나니까 우리나라 대학가가 완전히 빨갛게 돼버렸어요.

이념적으로 빨갛게 되어 있을 뿐만 아니라, 그 당시 대학교를 가보게 되면 학교 건물에 온통 빨간 글씨로 '전두환을 찢어 죽여라' 등 어떻게 해라 라는 플래카드를 온통 걸어놓고 그러니까 대학 전부가 벌겋게 돼버린 거예요.

이념적으로도 그렇고 실제 색깔로도 그랬어요.

전교조는 전에 제가 말씀드린 대로, 민중혁명이 성공하려면 대학생들만 의식화시켜서는 안 되고 초등학생과 중·고등학생들도 의식화시켜야 한다고 해서, 선생님들이 노동조합을 만들어 초등학생과 중·고등학생들을 의식화시키자면서 그런 쪽으로 나갔던 거예요.

우리 대학가에서는 6년 동안 의식화 학습을 진행하여서 이념적으로는 완전히 공산화가 됐는데, 이것을 어떻게 혁명으로 변환시켜야 될지를 모르고 있었던 거예요.

그래서 1985년쯤부터는 혁명론을 본격적으로 공부하기 시작합니다.

혁명론은 어떻게 구성이 되었냐 하면, 그 당시에 「사회구성체이론」이라는 게 있었습니다.

사회구성체이론이라는 게 뭐냐 하면, 마르크스 레닌의 사회 분석법이예요.

그래서 사회구성체 이론에 따라서 우리 사회를 어떻게 모순된 사회라고 평가를 하고, 거기에 맞춰서 혁명의 주력군은 누구를 내세워야 되고, 동맹군은 누구를 포섭해야 되고, 타도 대상은 누가 돼야 되느냐 등 이런 것들을 연구를 하는 겁니다.

그래서 제일 처음에 나온 것이 비교적 온건한 혁명론인데, 시민 민주 혁명이에요. CDR이라고 그러는데 Civil Democratic Revolution 즉 시민민주혁명이라고 합니다. 여기서는 우리나라 사회를 「종속적 자본주의사회」라고 봅니다.

이에 따르면 정부가 한 편에 있고, 그 반대편에 민족 자본가하고 민중이 한 편이 되어 양자 간에 모순이 있다는 것입니다.

그래서 우리나라에서 민중혁명이 성공하려면 민중계급들이 민족자본가들하고 손을 잡고 힘을 합쳐서 정부를 때려 엎어야 된다는 식으로 이게 시민 민주주의 혁명론이에요.

그다음에 조금 더 나간 이론으로 PDR이라는게 등장해요. PDR이란 People's Democratic Revolution이라 해서 우리 사회를 「국가독점자본주의사회」라고 규정합니다. 이것은 정부와 독점 재벌이 한 편이 되어 민중을 탄압하는 것이기 때문에, 민중들이 정부와 독점자본을 타도해야 된다고 했어요.

그다음에는 뭐가 나오냐면은 NDR이라고 National Democratic Revolution 즉 민족민주혁명론이 나오는데, 이 이론에서는 우리나라를 「신식민지 국가독점 자본주의」라고 말합니다. 그래서 정부와 독점자본과 외세까지 합쳐가지고, 이 세 세력이 민중을 탄압하고 있으니 민중계급이 세 세력을 때려부셔야 된다고 주장합니다.

그런데 이게 어떤 의미가 있느냐 하면, 이를 테면 연세대에서 CDR을 주장하는데 고려대에서 PDR을 주장하게 되면 PDR이 더 과격하고 정부를 때려부수기에 보다 합리적이고 효율적이라는 생각이 든다는 거예요.

그래서 학생운동의 헤게모니가 고려대로 옮겨가는 겁니다.

그러다가 이제 서울대에서 NDR을 주장하게 되면, PDR보다 NDR 이 더 우수한 이론 같다는 생각으로 옮겨가고 그러면은 학생운동의 헤게모니가 이제 서울대로 이동하는 거예요

이렇게 CNP 논쟁을 벌이고 있는데 1986년이 되면서 김영환이 나타납니다.

민혁당을 만든 저 강철서신 김영환이가 단파 라디오를 통해서 북한 방송을 듣고 북한에서 가르치는 혁명론, NLPDR, National Liberation People's Democracy Revolution 즉 민족해방 인민민주주의 혁명론이 나오죠. 그런데 김영환이가 단파 방송을 통해서 북한 방송을 청취해 그 것을 '강철서신'이라는 유인물로 찍어서 펴내니까 이건 진짜로 눈이 번쩍 뜨이는 혁명론이란 말이에요.

그동안은 대학가에서 학생들이 끄적끄적 해가지고 CDR NDR PDR을 주장하면서 한참 자기네들끼리 논쟁을 하다가 NLPDR 혁명론 을 보니까, 이것은 북한이 우리나라를 적화시키기 위해서 6·25 전쟁 이후부터 계속 어떻게 하면 대한민국을 적화시킬 수 있느냐 하는 주 제로 전문가 수백 명이 모여서 연구를 한 결과이기 때문에 대한민국 을 적화시키는 데는 가장 효율적인 혁명론이란 말이에요.

이게 내용이 뭐냐 하면, "대한민국 사회는 식민지 반(半)자본주의 사회이다. 우리나라는 미 제국주의의 식민지이고 반자본주의 성격을 띠고 있기 때문에 우리나라에서 혁명을 일으키려고 하려면 우선 미제 국주의를 쫓아내서 먼저 민족을 해방시킨 다음에 민중혁명을 통해서 민중정부를 구성하고, 그래서 북한과 같은 민중정부끼리 연방제 통일 을 해야 한다." 이런 게 바로 북한의 대남 적화혁명 노선입니다.

이 이론이 맞지는 않으나, 한미동맹 때문에 우리나라가 미국의 식민지라고 우겨대지만 사실상 미국이 있으면 북한이 우리나라를 적화시키기가 어렵습니다.

그러니까 대한민국을 적화시키려면 미국을 먼저 몰아내야 한다는 판단은 맞고, 또 더군다나 북한에서 이 NLPDR을 주장하는 세력이나 사람들에게 힘을 보태주니까 순식간에 학생 운동권을 석권해버렸어요. 그래서 NLPDR 혁명론을 채택한 세력은 NL계(민족해방세력)라 하고, 그 외의 좌익세력 즉 막바로 프롤레타리아 혁명을 주장하는 세력들을 PD계(민중혁명세력)라고 통칭합니다.

NLPDR 이론을 가지고 설립된 단체가 1987년에 전대협입니다. 즉, 전국 대학생 대표자 협의회입니다.

그런데 우리 공안 당국에서는 전대협이 민족해방 인민민주주의 혁명론을 강령으로 삼고 있으니, 학생단체이지만 대한민국을 지금 전복하겠다는 내용 아닙니까? 그래서 전대협을 이적단체로 사법처리를 하려고 하다 보니까, 전대협이 이름 그대로 전국대학생 대표자 협의회 즉 '협의체'란 말이예요.

그런데 과연 협의회를 이적단체에서 말하는 단체라고 할 수 있느냐. 그래서 전대협은 우리 검찰이 처벌을 할 수 없고, 전대협 중에 조국통일위원회나 정책위원회라는 것만 따로 떼어서 이적단체구성죄로 처벌을 했어요.

그러다가 1993년이 되니까 이게 발전적으로 해체해서 전국대학생대표자협의회가 소멸되고, 전대협을 대신해서 탈바꿈을 한 한총련으로 바뀌어요. '한국대학총학생회연합'이 바로 그겁니다.

그런데 그 한총련도 전대협이나 똑같이 강령이 그대로 NLPDR입니다. 민족해방 인민민주주의 혁명론이 강령이에요.

그러면 한총련도 생겨날 때부터 이적단체죠. 더군다나 전대협은 협의회라서 과연 단체로 할 수 있느냐 하는 문제가 있으므로 그걸 처벌 못했었는데, 한총련은 한국대학총학생회 연합이어서 단체성을 갖고 있잖아요.

그래서 이 한총련을 이적단체로 처벌하면 좋겠다 라는 생각을 하고 있었습니다. 그런데 저희 검찰에서만 이적단체인 걸로 아는 것이 아니고, 경찰·기무사·안기부 등이 모두 이적단체인 것으로 알았어요.

한총련이 막 이렇게 시끄럽게구니까 다른 수사기관에서 저거 좀 어떻게 이적단체로 처벌 안 해주느냐고 우리한테 요청을 하였는데, 이때 제가 그걸 쉽게 이적단체로 규정을 못한 이유가 있었습니다.

1981년 가을에 제가 부산지검의 공안검사로 부임했을 때 부산지검에 공안부가 새로 생기면서 공안부 창설 멤버가 되었는데, 그때 부림 사건이 터졌어요.

부림 사건은 노무현 변호사가 무료변론을 하면서 인권을 알고, 사회를 알고, 정치를 알게 돼서 자기가 대통령이 될 수 있게 해준 사건이라고 해서 엄청난 의미를 부여하였고, 그래서 친노 그룹에게는 부림 사건이 신성시되어 있는 사건이었죠.

그 사건 때 학생들이 '김일성을 존경하고 우리도 공산주의로 가야된다' 이렇게 주장을 해서 이건 사실 끔찍한 얘기인데, 그 당시에는 우리가 그걸 발표하지 못했어요.

왜 발표를 못 했느냐 하면, 때마침 그때 남북 간의 대립이 한참 심했는데, '우리 대한민국의 대학생들이 김일성을 존경하고 공산주의 사회를 원한다' 라고 발표를 하면 북한이 얼마나 좋아하겠습니까. 그래서 우리가 그런 발표를 못하고 있었는데, 1982년 3월 18일 부산 미국 문화원 방화 사건이 터졌습니다.

부산 미문화원 방화 사건은 해방 이후 최대의 공안 사건이고 우리나라에서 벌어진 최초의 반미투쟁 사건입니다.

미군이 주둔하고 있는 나라에서는 어느 나라든지 다 '양키 고 홈' 소리가 나오는데 우리나라에서는 그때까지 양키 고홈 소리가 전혀 안 나왔었어요.

왜 안 나왔느냐 하면, 미국은 우리나라가 일제 식민지 하에 있던 상태를 해방시켜 주었고 또 6·25 전쟁이 터지니까 달려왔죠. 그리고 우리를 전쟁에서 승리하도록 도와주고 또 전쟁 후에 다 굶어 죽게 됐는데 잉여물자라도 보내줘서 우리를 굶주림에서 살려주었으니 우리 기성세대들이 생각할 때는 아주 고마운 미국인데, 미국을 반대한다든지 나가라든지 그런 거는 상상도 할 수 없을 때예요.

그런데 미문화원 방화 사건에서는 학생들이 휘발유를 한 바케쓰 사가지고, 미국 문화원 도서관 바닥에다가 끼얹고 불을 질러서 도서관을 태우고 공부하던 학생 한 명이 타 죽었어요. 또 그것만 한 게 아니라 근처 건물 옥상에 올라가 유인물을 두 가지 뿌렸습니다. 그 유인물 내용이 뭐냐하면 "미국은 더 이상 대한민국을 속국으로 만들지 말고 이 땅에서 물러나라" 하는 것 하나하고, "지금 남한은 북침 준비를 완료했다." 이런 두 가지 제목이었어요.

그런데 이건 우리가 숨길래야 숨길 수 있는 것도 아니었습니다. 길거리에다가 뿌려서 언론사에도 전부 들어갔는데 이제 우리가 더 이상

이것을 숨길 수도 없고, 그러면 왜 이렇게 황당한 유인물이 나왔는지를 우리 공안 검찰이 설명을 해야 되잖아요.

그래서 그야말로 우리는 밝히기 싫은 것들, "사실은 우리 대학생들이 이렇게 반미 친북 좌경의식화 학습을 받아가지고 이런 생각을 가지게 됐다." 이렇게 사실을 밝혔는데 국민들과 우리 기성세대들은, "아니 그게 말이 되느냐. 아니 우리 아들 딸들이 어떻게 반미를 주장할 수 있다는 말이냐. 대한민국의 젊은이들이 어떻게 반미를 주장한단 말이냐. 그건 말도 안 되는 소리다" "이거는 틀림없이 공안검사들이 정통성이 없는 군사 정부를 위해서 학생들을 공산주의자가 아닌데도 억지로 공산주의자로 만들었다. 용공 조작을 했다." 이렇게 나온 거예요.

우리는 사실대로 밝혔을 뿐인데 공안 검찰이 용공 조작을 한다고 해서 엄청난 타격을 받았어요.

제가 개인적으로는 그 당시에 미국에 유학 가 있는 친구들한테서 "영주야, 너 꼭 그렇게까지 해서 검사를 해야 되겠냐, 그만둬라" 뭐 이런 편지도 오고, 가깝게 지내던 선배들도 "이제 너 보아도 아는 척하지 말자" 이런 식으로 엄청난 오해를 받았는데, 다행히 개인적인 오해는 1985~6년쯤 되니까 풀렸어요.

어떻게 풀렸느냐 하면, 그 당시 산업계에서 공장 노동자들이 노동쟁의를 하는데 완전히 공산당식 노동쟁의를 한 거예요.

사장을 불러내 강제로 머리 깎고서 드럼통에 넣어 굴리고, 공장에다가 불을 지르고, 폭행하는 등 매우 난폭한 행동을 했어요. 그러니까 사람들은 어떻게 우리나라 노동자들이 저럴 수가 있느냐고 궁금해하니, 저희가 또 설명을 해야 되잖아요.

그래서 공장에 위장 취업한 의식화된 대학생들이 근로자들을 의식화시켜서 저런 지경에 이르도록 한 실상을 직접 눈으로 보니까, 아 그렇구나 하면서 이해가 되었죠.

제 주변에서는 1982년도에 고 검사가 한 말이 거짓말이 아니었구나, 해서 제 개인적인 오해는 풀었는데, 국민들이 공안 검찰에 대해 가지고 있던 오해를 풀어줘야 할 거 아니예요.

그런데 그게 아니었어요.

다시 말해서 그 당시에 용공 조작 한 건 용공 조작 한 것이고, 지금 학생이나 근로자들이 이렇게 좌경화된 것은 그것대로 현실을 인정하면서 이에 대한 책임이 모두 공안 검찰에 있다는 식의 얘기예요.

그럼 그동안에 좌경 의식화 학습을 받지 않은 사람이 갑자기 그렇게 좌경화 될 수 있겠습니까? 그 부분은 국민들이 이해를 해줘야 되는데, 공안 검찰이 용공 조작하는 거라고 여태까지도 그 오해를 안 풀어줘요.

그래서 제가 이런 쓰라린 경험이 있었기 때문에, 공안 사건을 잘못 대처하면 이적 세력이 처벌되는 게 아니라 공안 검찰이 멍드는 겁니다.

이런 사정을 알기 때문에 섣불리 한총련을 이적단체라고 제가 규정을 못했어요.

그런데 안기부 같은 데서는 자꾸 이적단체로 처벌해달라고 요청을 하니까, 그 기관에게 왜 이 학생들을 이적단체로 규정을 못 하는지를 설명을 해줘야 될 거 아니겠습니까.

그렇지만 제가 안기부에다 대고 만일 방금 말씀드린 그런 사유로, 즉 "우리가 되치기 당할 우려가 있기 때문에 지금은 한총련을 이적단체로 할 때가 아니다" 이렇게 얘기를 하면 그런 식으로는 안 먹힙니다.

왜냐하면 법률적 판단 즉 사법적 문제는 검찰에 우선권이 있는데, 정책적 판단은 안기부가 우선권이 있어요.

그래서 그런 식으로는 해명이 안 되기 때문에 법률적으로 왜 안 되는지 설명을 해 줘야 돼서 그 사람들한테는 이렇게 설명했어요.

"이적단체로 처벌을 한다고 하는 것이 단체를 처벌하는 게 아니라 결국 이적단체 구성원들을 처벌해야 되는데, 한총련소속 학생들이 이적 인식을 갖고 있다는 것을 증명할 방법이 없다."

그래서 지금은 당장 처벌을 할 수가 없어도 법률적으로는 이적단체로 인정된다니까 그쪽에서 다 이해를 했습니다.

그럴 즈음, 1996년에 연세대 난동 사건(범민족 대회)이 벌어졌어요.

학생들이 한 만여 명이 판문점 쪽으로 몰려간다고 시도하다가 경찰에 밀려서 연세대학교에 들어갔어요. 학생들이 건물 하나를 점거하고, 옥상에서 벽돌을 깨서 던지니까 경찰 헬리콥터가 날고 한 사람은 떨어져서 죽기도 했어요. 그래서 저희는 한총련이 기어이 일을 내고 말았구나, 하면서 저럴 줄 알았다고 했어요.

그동안 한총련에 관해 우리가 걱정했던 것에 대해서, 이제 국민들도 좀 이해를 해주겠구나 하고 기대를 했는데, 웬 걸 국민들은 전혀 다른 반응을 보였어요.

"아니 학생들이 저 지경이 되도록 공안 검사는 뭘 하고 있었느냐"

저희는 억울하기 짝이 없었지만 그래도 어쨌든 간에 이제는 분위기가 됐다고 여겼죠. 국민이 학생들을 무조건 비호하는 단계를 벗어났기 때문에 이제는 한총련을 이적단체로 규정해도 되겠다 싶었어요.

제가 그 당시 대검찰청 공안기획관이었습니다.

그래서 관계기관 대책회의를 소집했어요.

경찰·기무사·안기부·교육부·노동부 등 이렇게 국장급들이 다 모여서 회의를 하는데, 제가 "이제부터 한총련을 이적단체로 규정하겠다." "이적단체로 처벌하겠다." 그러니까 안기부도 좋아하고, 경찰도 좋아하고, 기무사도 좋아하고 다들 좋아했죠.

그런데 서울 지방검찰청 공안 1·2부 두 군데만 반대를 하는 거예요.

그래서 "왜 반대를 하느냐" 물었더니 얼마 전에 내가 안기부를 설득하려고 내놨던 그 의견, 즉 "학생들의 이적 인식을 입증할 방법이 없다"고 했던 것을 공안부 일부 검사들이 완전히 금과옥조처럼 여기면서 나한테 반대 얘기를 하는 겁니다.

곤혹스러웠지만 이렇게 대답했어요.

"알겠다. 한총련을 우리가 이적단체로 규정하기로 마음먹으면 먼저 국민들한테 한총련의 이적 단체성을 알리고, '여태까지 모르고 가입한 사람은 몇 월 몇 일까지 탈퇴를 한다면 우리가 불문에 붙이겠지만, 그 이후까지 한총련에 남아 있으면은 이적성을 알면서 가입한 것으로 간주를 하겠다' 라고 발표를 하면 된다"

하여튼 억지로 공안 1·2부를 달래서 그대로 했습니다.

그렇게 해서 5기 한총련부터 이적단체로 규정해서 회장이랑 주요 구성원들을 다 구속하였습니다.

한총련은 단체이긴 한데 특성이 뭐냐 하면, 1년 지나면 구성원이 다 바뀝니다.

그래서 다음에 6기가 되면 6기 한총련은 또다시 이적단체 구성으로 처벌되고, 7기가 되면은 7기 한총련을 다시 수사하고, 그런 식으로 2011년까지인가 결국 한총련이 못 버티고 해산돼버렸죠.

그런데 만약 한총련이 아직까지도 있었다고 하면, 우린 뭐 선거도 못 치르고 아주 엉망이었을 겁니다.

지금까지 제가 한 일 중에서 가장 자부하는 실적 네 가지를 든다면, 이렇습니다.

첫째, 민중민주주의가 공산주의나 마찬가지로 이적이념이라는 것을 처음 밝혀낸 일.

둘째, 한총련을 제가 이적단체로 규정한 일.

셋째, 전교조가 표방하는 참교육이 이적 이념인 것을 밝혀낸 일.

넷째, 사회에 나와서는 통진당이 위헌 정당인 것을 제가 이론을 구성하고, 그것을 실행시켜서 결국 헌법재판소에서 위헌 정당으로 해산시키게 한 일.

이왕 전교조 얘기가 나왔으니까, 지난번에 전교조 얘기 들으신 분이 여기 몇 분이나 계세요.

없으세요?

그럼 전교조 얘기를 더 하겠습니다.

제가 1986년 서울지방검찰청 공안부에 근무할 때, 제 앞에 선임자가 민중교육지 사건을 인지해 놓고 갔습니다.

민중교육지라는 건 뭐냐 하면, 잘 아시는 바와 같이 우리 선생님들이 민족·민주·민중 교육을 줄여서 민중교육 이라고 하는 데, 이 책을 펴낸 선생님들 세 분이 구속돼 있었어요.

저는 후에 공판 관여만 했는데 민족·민주·민중이라는 게 뭐냐 하면, 민족이라는 것은 주한미군을 철수시켜야 된다는 것과 연결되는 의미이고, 민주는 인민민중민주주의가 진짜 민주주의라는 것이며, 민중은 통일의 주체가 민중이어야 된다는 내용입니다.

북한의 대남적화 전략인 '민족해방 인민민주주의 혁명'하고 똑같은 내용이예요.

그런데 공판 관여를 하려면은 그냥 공판 카드에 써 있는 그대로 구형이나 하고 그러는데, 저는 이 사람들이 무슨 생각을 하고 있는지 알아보려고 압수된 책자와 노트 필기 이런 걸 다 읽어봤어요.

그 노트에 쓰여 있는 내용중에 이런 것들이있었어요.

그 당시에 85년~86년이 되어 벌써 전 대학가가 빨갛게 되어있었다고 말씀드렸잖아요. 이념적으로 완전히 다 공산화가 된 겁니다.

우리 공안 당국에서는 학생들이 이렇게 돼 가지고 정말 큰일 났다라고 걱정을 하고 있는데, 자기네들은 또 자기네들 나름대로 불만이 있더라고요.

무슨 불만이냐 하면, "아니 학생들을 이렇게 전부 의식화를 시켜놨는데 왜 여태까지 민중혁명이 성공되지 않느냐."

그래서 자기네들끼리 의논한 게 뭐냐 하면, 민중혁명이 성공되려면 어떻게 해야 되겠느냐? 하는 거였어요. 그 당시에 분석한 내용이 뭐냐 하면 "대학생들이라는 게 머리에 먹물이 들어 있어가지고 아무리 공산주의 이념을 심어줘도 이걸 행동으로 옮기는 데는 한계가 있다"라는 거예요.

그런데 이 사람들이 인정하는 우리나라에서의 민중혁명 성공 사례는 4·19혁명이라는 겁니다.

"4·19 혁명 때를 봐라, 4·19 혁명 때는 대학생들뿐만 아니라 초등학생과 중·고등학생들까지 전부 뛰쳐나왔다."

그러므로 우리나라에서 민중혁명이 성공하려면 초등학생·중학생·고등학생을 전부 거리로 끌어내야 된다. 그렇게 하려면 초·중·고교생들을 의식화시켜야 되겠다.

대학생들은 선배가 후배를 불러가지고 열 명 정도씩 의식화 학습을 위해 스터디 그룹을 만들어 교육시키면 되는데 초·중·고생들은 그렇게 할 수가 없으니까, 우리 선생님들이 노동조합을 만들어서 노동조합 중심으로 학생들을 의식화시켜야 된다. 그런 내용이 쓰여 있는 거예요.

그런데 그 당시까지는 우리나라에서 선생님들이 노동조합을 만드는 게 불법이었거든요. 당시에 선생님들이 노동조합을 만든다는 것이 황당한 소리나, 헛소리로 생각되었어요.

그러면서 시간이 흘러 지나갔는데, 1989년이 되니까 선생님들이 '전국 교직원 노동조합'을 만든다고 난리가 난 거예요.

저는 그 당시 대검 공안부에서 공안연구관으로 있었는데, 제가 담당한 분야가 노동 분야여서 사실은 전교조도 노동 문제니까 제가 담당해도 되지만 정부 부처에서 선생님들 문제라 하여 교육부에서 그걸 담당하도록 했어요.

그러니까 거기에 대응해서 우리 검찰에서도 학원 담당이 그것을 맡았기 때문에 저로서는 내 담당이 아니니까 신경도 안 쓰고 있었는데, 하루는 공안기획관이 공안연구관 회의를 하자고 불러서 가서 보니까 그 당시 공안연구관이 여섯 명이었어요.

그때 공안기획관이 "선생님들이 얘기하는 참교육이라는 게 뭐냐" 그리고 "왜 갑자기 선생님들이 노동조합을 만든다고 저 난리냐"며 묻는 거예요.

딴 사람들이 아무도 대답을 안 하길래 제가 "참교육이라는 것은 일본 교육 황폐화의 주범이라고 할 수 있는 일본 교원노조가 쓰는 참 진(眞)자 '진교육(眞敎育)'을 우리말로 번역해서 '참교육'이라고 하는 겁니다."라고 대답했죠.

그 내용이 기존의 교육은 가짜 교육이라는 건데, 왜 기존의 교육을 가짜 교육이라 하느냐?

그 내용을 보면 지금 학생들 대부분은 민중계급의 자식들이고, 이 학생들이 커서 사회에 나아가 부르주아가 될 사람은 극히 소수이고 대부분 민중계급이 될 텐데, 민중계급의 자식으로 태어나 앞으로 민중이 될 학생들에게 자본가를 위한 자본주의 교육을 시키는 건 잘못된 것이다 라고 주장합니다.

그럼 어떤 것이 진짜 교육이냐?

민중이 주인이 되는 나라를 만드는 능력을 키워주는 교육 즉, '민중혁명 역량을 키워주는 교육이 참교육이다'라는 겁니다.

또 선생님들이 노동조합을 만들려고 하는 이유는 아까 내가 말씀드린 것처럼 설명을 해드렸습니다. 그런데 제가 이런 말을 지어낼 수 있습니까.

제가 다 그 사람들 노트와 책에서 본 것을 요약해서 설명을 해준 건데, 공안 기획관이나 다른 연구관들이 하는 소리가 "아, 설마 우리나라 선생님들이 그럴 리가 있느냐, 가만히 보면 고 검사가 항상 좀 과격해"라면서 내 의견을 우리 검찰의 공식 의견으로 할 것인지를 한 번 투표를 해보자고 하더라고요.

그래서 내가 하도 황당해서, "아니 아는 사람하고 모르는 사람이 무슨 투표냐 그리고 나는 지금 10년째 공안 검사를 하고 있는 거고, 당신네들은 엊그제서야 공안부에 배치를 받아가지고 공안검사라고 하는 건데 이게 투표할 일이냐?" "아, 싫으면 그만 둬라. 내 나라만 망하냐 니 나라도 망하지." 그러고서는 화가 나 그냥 나와버렸어요.

조금 있으니까 공안기획관이 다시 보자고 그러더라고요. 그래서 갔더니 노태우 대통령이 노발 대발 했다는 거예요.

"선생님들이 불법적인 노동조합을 만들겠다고 그러는데, 도대체 공안기관은 뭐 하고 있느냐." 이렇게 해서 난리가 난 모양이에요.

그래서 청와대가 '관계기관 긴급 대책회의'를 소집했는데, 원래는 학원 담당이 가야 되지만 학원 전담은 여기에 대해서 하나도 모르는 것 같고 고 검사 말이 미덥지는 않지만, 그래도 뭔가 아는 것 같으니까 고 검사가 대신 가달라고 하더라고요. 윗사람이 가라고 그러니까 제가 갔죠.

청와대에 가면서 저는 속으로 생각했어요.

"아니 같은 공안검사들도 나를 이해 안 해주는데, 외부 기관에 가서 그 얘기를 하면 나를 미친놈이라고 그러지 않을까?"

그래서 가급적이면 한마디도 하지 말고 있다가 그냥 와야겠다는 생각으로 청와대 회의를 하러 가보니까 주재하는 정무비서관이 윤여준 비서관이에요.

아시죠. 윤여준 비서관. 그리고 10여 부처에서 국장급들이 다 와 있었고 10여 명이 쭉 이렇게 동그랗게 앉아 있는데, 나는 윤 비서관 왼쪽에 앉고 오른쪽에는 안기부에서 온 분이 앉아 있는데 물어보는 건 똑같았어요.

도대체 저 사람들이 얘기하는 참교육이 뭐냐, 또 왜 선생님들이 노동조합을 만들려고 하느냐?

그런데 안기부가 알기를 하나, 노동부가 아나, 기무사가 아나, 경찰이 아나, 결국은 아무도 모르고 한 바퀴 쭉 돌아서, 맨 마지막에 제 차례까지 왔는데 윤 비서관이 그러더라고요.

"대검에서 오신 고 검사님 뭐 좀 해주실 말씀이 없습니까?" 그러는데, 저까지 아무 말 안 하면은 그냥 이것으로 회의가 끝나버리게 되겠더라고요. 그래서 에라 모르겠다는 심정으로 아까 검찰에서 했던 얘기를 했더니 여기는 분위기가 확 다른 거예요.

"고검사님 그 내용을 글로 좀 써주실 수 없습니까."

그래서 나는 지금 우리 검찰 내부에서 이상한 사람 취급을 받았는데, 여기서는 제 의견을 충분히 존중하면서 좀 써달라고 그러니까, 남자는 자기를 알아주는 사람을 위해서 목숨도 바친다고 하는데 기분이 확 달라졌지요.

그 당시 공안연구관이 얼마나 바쁜 자리입니까? 그래도 그날 집에 와서 밤샘을 해가면서 「전교조가 표방하는 참교육의 실체」를 써가지고 청와대에 보내줬어요.

그랬더니 청와대에서 그걸 정리를 해서 예쁜 팸플릿을 만들어 가지고 전국 초·중·고등학교에 다 배포를 했습니다.

그런데 그다음 월요일 날이 대검에서 확대 간부회의가 있는 날이었어요. 그 당시에는 어떤 관행이 있었냐면 연구관들이 돌아가면서 사회

의 이슈들에 대해 토픽을 정해서 검사장님들의 귀를 틔어준다고 돌아
가면서 발표를 하던 관행이 있었는데, 마침 그날이 내 차례였어요.

그래서 나는 이미 준비해 놓은 자료도 있고, 그 당시 전교조 문제
가 한참 사회적으로 시끄러웠으니까 이걸 말하면 되겠다 싶어서 발표
를 했죠.

그 당시 검찰총장이 김기춘 실장입니다.

나중에 청와대 비서실장을 지내셨던 김기춘 총장님 아시죠. 이분
이 또 얼마나 공안문제에 밝고 정통한 분입니까.

"고 검사 그것 즉시 언론에 배포해."

그래서 저는 문안이 다 돼 있으니까 바로 복사해가지고 대검찰청
기자실에 내려가서 곧바로 한 부씩 나눠주었습니다.

그 다음 날 아침에 전 신문에, 양쪽 면에 걸쳐서「전교조가 표방하
는 참교육의 실체」라고 내가 쓴 그대로 글자 하나도 안 틀리게 전 언론
에 다 보도가 됐어요.

근데 그때가 어떤 때냐 하면, 그 당시 전교조에 가입한 교사가 2만
명 정도 됐는데, 그때 교육부 장관이 정원식 총리였습니다.

이 양반이 예컨대 6월 30일까지 탈퇴를 하지 않는 교사는 전원 해
임처리하겠다고 고지한 상태였습니다.

다만 현실적으로 교사 2만 명을 어떻게 다 해직 처리를 합니까?

그런데 제가 쓴 내용이 신문에 다 발표되고 난 다음 이틀 동안에
무려 93%가 탈퇴하였습니다.

남은 노조원 교사가 1,490 명이었는데, 그 사람들만 해직 처리하고
전교조 문제가 해결되었습니다.

그러다가 나중에 1999년이 되어 김대중 대통령이 취임한 이후 전교

조를 합법화시켜 부활됐지만, 제가 재직할 때는 그걸로 완전히 정리가 됐었습니다.

하여튼 정원식 총리는 이 문제가 어떻게 해서 해결됐는지를 알잖아요.

대검에서 자료를 내줘 가지고 문제가 해결됐다는 걸 아니까, 그 당시 대검 공안부장이 이건개 검사장이었는데 이 검사장한테 고맙다고 돈 100만 원을 보내왔더라고요. 저는 돈이 온 것도 몰랐지요.

이건개 검사장이 저를 부르더니, "교육부 장관이 고맙다고 이걸 보내왔는데, 이건 고 검사가 한 거니까 우리 반씩 나눠 갖자." 해 가지고 제가 그때 50만 원을 받았습니다.

강의시간이 약 5분 정도 남았답니다. 아까 조금 설명이 부족했던 부분을 보완하겠습니다.

아까 김영환이가 NLPDR 이론을 전파한 것까지 했죠.

그래서 전 대학가가 사실상 NLPDR 혁명론으로 확 돌았어요.

NLPDR 혁명론은 북한의 공식적인 대남적화혁명론으로서, 북한의 대남적화혁명 전략전술을 집대성해서 「주체사상에 기초한 남조선 혁명과 조국통일 이론」에 나오는 혁명론이 바로 이 NLPDR 혁명론입니다.

그런데 NL과 PD는 어떻게 다르냐?

PD는 아까 CDR NDR PDR 사람들로서 대개 PD(민중민주)계라 통칭하고, NLPDR론을 신봉하는 세력들을 NL(민족해방)계라고 그래요.

그러면은 어떻게 다르냐,

NL계는 하여튼 우리나라에서 혁명이 성공하려면 무조건 주한미군을 먼저 철수시켜야 된다고 믿습니다.

그러니까 지금 전교조가 가장 강조하는 것이 주한미군을 철수시키는 거예요.

현재 전교조 교육받은 우리 젊은 사람들은 미국이 우리나라를 어떻게 도와줬는지를 하나도 모릅니다.

제가 사법시험 3차 시험위원이 돼서 물어보니까, 그 당시에 대학 졸업하고 온 사람들도 미국이 우리나라를 어떻게 도왔는지를 아는 사람이 없어요.

그러니까 미군은 우리나라에 와서 유부녀나 강간하고 무슨 공해나 퍼뜨리고 무기나 팔아먹고 하는 걸로 알고 있지, 우리나라를 일제에서 해방시켜주고 6·25 전쟁 때 와서 도와주었다는 사실을 거의 전혀 몰라요.

그래서 NL계 특징은 모든 일의 우선이 '주한미군 철수'·'미군 나쁘다'라는 것입니다.

그리고 PD계는 전통적인 마르크스 레닌주의에서 노동자·농민 이런 민중들이 힘을 합쳐가지고, 아까 얘기한 것처럼 정부를 전복한다는 세력입니다.

그러니까 지금 주한미군 철수가 우선이냐 아니냐에 따라 가지고 NL계와 PD계로 갈라집니다.

그럼 NL계가 위험하냐, PD계가 위험하냐 하면 어떨 것 같습니까.

NL이나 PD나 위험하기는 똑같습니다.

그러니까 모두 공산주의자를 전제로 하고, 공산주의자 중에서 혁명론을 전통적인 마르크스 레닌 혁명론으로 하느냐, 북한식의 혁명론으로 가느냐에 따라 이렇게 차이가 나는 거예요.

마치 총이 위험하냐, 칼이 위험하냐 하는 것이나 마찬가지예요.

총에 맞으나 칼에 찔려 죽거나 죽는 건 마찬가지 아닙니까.

그러니까 PD가 정권을 잡아도 우리나라는 망하는 거고, NL이 잡아도 우리나라는 망하는 겁니다.

다만 지금 상황에서는 NL이 위험성이 훨씬 더 크다고 보죠. 저들은 북한하고 직접 연계가 돼 있으니까요.

질문 있으시면 말씀해 주시기 바랍니다.

질문   혹시 NL하고 PD 간에 상당히 대립하면서 자기들끼리 내부 충돌이 굉장히 많다고 하는 얘기를 들었는데 어떤가요?

답변   이 운동권의 이념대립이라는 게 진짜 엄청납니다.

PD계는 NL계 보고 "아니 어떻게 김일성이를 따를 수가 있느냐, 저것들은 진짜로 완전히 바보 멍청이 아니냐." 하면서 상종을 안 하려 하고, 또 "NL계는 PD계 보고 저것들은 재교육 대상이다."라고 합니다.

이들 사이에는 주사파 이론을 안 배우면 아무리 선배라도 소용이 없어요.

예를 들어보면, 제가 마르크스 레닌 당의 대표를 구속해서 기소했는데 후에 인간적으로 친해져서 감옥에서 나온 후에 저를 찾아왔어요. 그래서 "요즘 어떻게 지내냐" 그랬더니 "아이고 말씀 마십시오. 저희 요즘 재교육 받고 있습니다."

새까만 후배들이 어마어마한 선배한테까지도 지금 NLPDR 이론을 모르면 재교육 대상이라고 한다는 겁니다.

그런데 지난번 촛불 집회 이후에 문재인 정부가 들어설 때 이것들이 힘을 합쳤어요. 그래서 사실은 조국이가 원래 PD계인데 문재인한테 아양을 떨어가지고 제일 가까운 사람이 됐잖아요. 그 아이들은 그것을 통일전선 전술이라고 그러죠.

혁명론이 다르더라도 일단 박근혜 정부를 타도한다는 목적이 같으니까, 힘을 합쳐서 박근혜 정부를 무너뜨렸죠.

그래도 지금 현재 정치권을 보면 민주당 쪽에는 대체적으로 NL계이죠. PD계들은 지금 민주노총이나 정의당 이런 데 조금 남아 있습니다.

지금 전대협 1기 의장이 이인영, 2기 의장이 오영식, 3기 의장이 임종석인데 이렇게 전대협 출신들이 다 들어가 있어요.

그런데 지금 한총련 애들은 전대협에 밀려 많이 못 들어갔어요. NL계는 북한의 지령에 따라 학습을 많이 받죠.

아까 단파 라디오를 통해 NLPDR 학습시키고 하는 것들은 다 북한에서 한 거고, 북한의 지원도 받고 또 김영환이가 나중에 북한에 가서 40만 달러를 직접 받아 왔고, 또 김일성도 두 번이나 만나고 그랬잖아요.

질문 김영환이는 전향하지 않았습니까?

답변 전향을 했죠. 그런데 지금 시대정신 그룹이라고 하며 활동해서 뉴라이트 쪽이라고 해요. 그 사람이 전향을 했어도 "주체사상은 맞는 이론이다. 김일성이가 주체사상을 모르더라. 그래서 김일성이가 주체사상에 대한 견해가 달라서 마음이 안 맞았고, 황장엽과 굉장히 가까웠어요.

김영환이가 북한에서 돈 40만 달러나 받아와서 민혁당이라는 걸 만들었을 때, 이석기는 민혁당 당원이었지요.

민혁당은 지부가 서울, 경기, 전북, 영남지역에 있었고, 이석기는 경기 남부위원회에 속해 있었어요.

전북 연합 같은 데는 김영환이가 전향을 하면서 나중에 다 끌고 가서 함께 전향을 했어요. 그런데 경기 쪽은 이석기를 추종하는 애들이 김영환을 안 따르고 전향을 거부하면서 민혁당 잔존 세력으로 남았죠.

김영환이가 전향할 때, 딴 데는 다 해산하든지 같이 따라서 전향하든지 했는데 경기만 남아 있었거든요.

질문   지금 대학가들의 분위기는 어떤가요?

답변   2011년경 한총련이 완전히 와해되고, 그 무렵 한국대학생연합(한대련)이 나타났는데, 한대련은 자신들이 한총련의 후신이라는 사실을 부인하고 있다 합니다.

그러니까 사실상 대학의 운동권은 거의 사라지고, 오히려 우파단체나 대학생이 더 많아졌다고 합니다.

지금 아시다시피 대학교에 가서 대자보를 보시면 우파 대자보는 다 붙어 있는데, 좌파 대자보는 안 붙어 있어요.

지난 대선 때는 20대, 특히 20대 남자는 우파 비중이 훨씬 높았잖아요. 아마 60대보다 더 높았을 거예요.

질문   일개 개인 교사들의 행동을 관리자인 교장, 교감도 통제하지
      못하고, 교육부도 통제 못하고 국가 중앙정부의 권력으로도
      통제하지 못한다는 얘기를 들으면은 뭐 식물 국가라는 얘기
      나 마찬가지인데, 자유민주 체제를 표방하면서 왜 권력 있는
      분들이 그런 걸 바로잡지 못하나요?

답변   자유민주주의 체제를 인정하면 걱정할 게 하나도 없죠.
      공무원 신분으로 들어온 교사들인데 공무원이 왜 공무원 강
      령을 못 따르고 국가 체제도 못 따르고 그러느냐? 그것은 채
      용단계부터 문제가 있는 겁니다.
      공무원 시험 문제가 조선민주주의 인민공화국에서 일어난 사
      건을 순서대로 얘기하라, 이런 식이죠. 그래서 우리가 공무원
      시험 문제도 분석해서 책으로 낸 적이 있어요.
      지금 대한민국 공무원들을 뽑는 데 이런 문제가 나와서야 되
      느냐 하는데, 제 개인적인 견해로는 우리나라 역사 교수의
      90%는 전부 좌편향 돼 있어요.
      대학생 좌파 단체 아이들이 우리나라 각계 각층의 분야로 다
      들어갔지 않았습니까. 검사, 판사, 변호사와 일반 공무원에도
      다 들어가 있고, 이들이 체계적으로 저항을 하기 때문에 체계
      적으로 이들을 밀어낼 세력이 현실적으로 없는 거죠.
      지금은 이념뿐만 아니라 아예 조직으로 얽혀 있어서 지금 학교
      에 급식하려고 하면, 전교조 쪽 지지를 안 받으면 급식 납품도
      못하잖아요.
      이렇게 사회 전체가 좌편으로 다 기울어져 있어서 우리가 이

런 몸부림을 치는 거예요.

지금 이건 독립운동을 하는 거나 마찬가지입니다.

대통령은 우파가 되었기 때문에 이재명이 되는 걸 간신히 막아서 바로 적화되는 걸 막았지만, 대한민국 전체 공무원들 중 각 기관 실무자들은 전부 좌파들이 다 잡고 있잖아요.

질문 저는 질문이라기보다는 지금 우리나라 역사 교과서가 대표님이라든가 많은 분들이 다 알고 계시다시피 너무나 왜곡돼 있고, 특히 대한민국 현대사의 왜곡이 심각한 상태에 있잖아요. 교과서 문제가 사회적으로 문제가 되는데, 이 교과서 문제뿐만 아니라 일반 시중에서 나오는 역사책도 많잖아요.

제가 구립도서관 이런 데를 자주 가거든요. 한쪽에 보면 어린이 열람실도 있고 청소년들이 보는 책도 있어요. 그래서 요즘 나오는 어린이들 중고등학교 학생들이 읽을 만한 역사 책이 어떤 식으로 나오는지 자세하게 한번 본 적이 있어요. 그런데 「청소년 한국사」 등 이런 식으로 10권 짜리, 「어린이가 쉽게 읽는 한국사」 라 해서 20권 짜리, 이렇게 나오는데, 현대사 쪽을 읽어보면 이건 진짜로 완전히 엉망입니다.

교과서 같은 경우는, 그래도 국가에서 어쨌든 간에 관심을 갖고 일반인들도 많이 관심을 가지니까 이게 왜곡됐다 아니다 논쟁이라도 하는데, 좌파적인 성향을 가진 출판사에서 나오는 그런 책들은 전혀 문제화 되지조차 않잖아요.

답변 이 시스템 자체가 도서관에 있는 사서들도 거의 다 좌파예요.

그러니까 그런 책을 사주는 거고요.

우리 우파들은 그런 조직력이 없고 책을 안 본다는 것, 이게 상당히 문제입니다.

역사책이 왜 이렇게 좌경화 되어 있느냐?

과거에는 우리나라 원로 역사학자 이병도 씨 같은 분들의 전통 사관이 학계를 장악했었는데, 약삭빠른 후배 역사학자들이 자기네들이 더 넓힐 분야가 없잖아요.

그러니까 북한의 역사책을 그대로 베껴가지고 그것을 '민중사관'이라고 표방하면서, 그걸 가지고 석사학위 받고 박사학위도 받고 했어요.

그러니까 북한 것 갖다 넣게 되면은 그냥 학위가 나오니까, 우리나라 역사학자들의 90% 이상이 전부 그렇게 돼 있습니다.

그리고 자기네들이 주장하는 이론하고 다른 이론을 주장하는 전통 사학자가 있으면 그들을 이 학회에서는 사문난적(斯文亂賊)이라고 몰아쳐서 발을 못 붙이게 합니다.

그런 식으로 하면서 식민사관이다, 뭐다 하는 방법으로 몰아 가거든요.

질문   역사교과서에 위헌 문제가 없나요?

답변   맞습니다. 지난 번에 헌법 개정이 좌절됐잖아요.

그 헌법 개정 중에 가장 중요한 문제가 자유민주주의에서 자유를 빼고 그냥 민주주의로 바꾸려고 하는 거잖아요. 이 사람들이 말하는 '민주주의'란 인민민주주의를 뜻하는 거라고 말씀드렸죠. 그러면 자유민주주의에서 인민민주주의로 바꾸는 헌법이 좌절됐으면 포기하고 기존헌법을 따라야 되는데, 이 사람들은 반칙을 써서 헌법은 헌법대로이고, 지금 역사 교과서에서는 제멋대로 자유민주주의라는 말이 다 없어졌어요. 그래서 헌법 개정이 안 됐는데 왜 자유민주주의를 민주주의로 바꿨느냐? 그러니까, 편집 담당자가 뭐라고 그러냐 하면 "우리나라 헌법이 자유민주주의 헌법인 것에 대해서는 이론이 많이 있어서 그냥 민주주의로 했습니다."라고 해요.

우리나라 헌법이 자유민주주의인지에 대해서 이론이 있으면 그건 학계에서 논의를 해서 결정된 걸로 바꿔야지, 헌법 개정도 안 됐는데 자기네들 마음대로 자유민주주의에서 자유를 빼버리고 이게 말이 됩니까?

더 우려스러운 것으로 고등학교 교과서에 윤리와 사상이라는 교과서가 있습니다.

다섯 종 가운데 3종에서 국민주권이라는 말이 사라졌어요.

그 대신 인민주권으로 씁니다. 지난번에 통진당이 해산된 것은 국민주권이 아닌 민중주권을 주장했기 때문에 해산된 것이거든요.

그런데 지금 민중주권에서 한술 더 떠가지고 인민주권 표현을 써요.

그러니까 지금 우리 헌법에 대해 우리는 자유민주주의 헌법이라고 생각하는데, 좌익들은 우리 헌법이 자유민주주의 헌법이 아니라고 주장을 해요.

만일 제가 검사를 계속하고 있었다면, 교과서 제작 관련자들을 전부 국가보안법 위반으로 처벌했을 겁니다.

4강

공산주의 사기수법

공산주의 이념은 "사회적 약자를 이용하여 정권을 획득하려는 사기극"이라고 제가 정의를 내렸습니다.

그런데 그 뒤로 제가 내린 정의에 대해서 틀렸다고 이의를 제기하는 사람을 못 봤습니다. 맞을 겁니다. 그러면은 왜 사람들이 공산주의 이념이 사기인 것을 알면서도 거기에 속아 넘어가느냐? 왜냐하면 이 사기 수법이 기기묘묘하기 때문에 그렇습니다.

그럼 어떤 방법으로 사기를 치느냐. 크게 다섯 가지입니다.

제일 첫 번째, 이론이 '이중구조'로 돼 있다는 것입니다.

우리가 알고 있는 공산주의 이론은 전부 공산주의 선전이론입니다.

공산주의 실천이론은 소련이라든지 북한이라든지 공산주의 사회에서 내부적으로만 적용이 되고, 밖에는 안 나타납니다.

그래서 우리가 알고 있는 공산주의 이론은 전부 공산주의 선전이론일 뿐입니다.

실제로 자기네들한테 적용하는 실천이론은 따로 있습니다.

두 번째는 '용어 혼란 전술'을 씁니다.

예를 들어서 우리는 민족이라고 하면 한 겨레라는 뜻으로 얘기를 하는데, 북한에서는 민족이란 말을 하게 되면 주한미군 철수라는 의미가 그 안에 들어가 있습니다.

평화 그러면 우리는 전쟁이 없는 상태라고 생각을 하는데, 북한에서는 온 세상이 공산화돼 있는 상태를 평화라고 그럽니다.

"우리 민족끼리 평화를 이루자" 그러면 "주한미군을 몰아내고 전국을 공산화하자" 이런 뜻으로 씁니다.

그다음에 세 번째가 '궤변'을 씁니다.

궤변은 언뜻 들으면 그럴듯한데, 자세히 따져보면은 사실이 아닌 것, 즉 사람의 사고를 혼란시켜서 진실인 것처럼 믿게 하는 방법을 궤변이라고 부릅니다.

옛날에 그리스의 소피스트들이, 무조건 논쟁에서 이기기 위해서 쓰던 수법입니다.

이것은 사고를 혼란시키는 거죠. 사고를 혼란시켜가지고 목적을 이루는 그런 수법입니다.

그다음에 네 번째 사기치는 방법이 '억지'입니다.

억지는 어떤 억지를 쓰느냐,

예를 들어서 말씀드리면 주체사상 같은 것을 들 수 있습니다.

주체사상은 시작을 어떻게 하느냐 하면 "사람은 자연의 주인이요,

사회의 주인이요, 자기 운명의 주인이다. 그래서 우주 만물 중에서 가장 고귀한 존재다" 이렇게 시작을 합니다.

그러면 여기까지 틀린 말이 어디 있습니까.

특히 주체사상이 우리 국민들의 가슴에 확 들어맞는 거는, 그 첫 단계가 원래 우리 민족 고유의 사상인 인내천 사상의 표현이기 때문입니다. 그러니까 딱 맞는 소리를 한다 라고 생각을 하게 돼 있어요.

그런데 그다음에 두 번째 단계에 가서는 뭐라고 그러느냐, "인간은 왜 태어났고 사람은 왜 사느냐?"라고 말을 던집니다.

거기에 대해서 뭐라고 대답을 하냐면 "사람은 혁명을 위해서 태어났고, 혁명을 위해서 산다." 이렇게 단정을 해버립니다. 이런 억지가 어디 있습니까.

마지막에 다섯 번째가 '반복 선전'입니다.

좌익들이 정권을 잡으면 가장 먼저 무조건 언론기관을 장악합니다.

그리고 거짓말이라도 같은 얘기를 10번, 100번 하면 다 진실로 믿게 돼 있습니다.

그래서 좌익들의 이런 반복적 거짓말 수법 때문에 사기인 것을 쉽사리 알아채기 어렵습니다.

우리 자유민주체제가 정치적으로는 자유민주주의이고 경제적으로는 자본주의입니다만, 공산주의는 정치적으로도 공산주의고 경제적으로도 공산주의예요.

프란시스 후쿠야마 교수의 <역사의 종말>이 맞지 않다고 제가 말씀드린 것이, 이 책에서 자유민주체제가 체제전쟁에서 완전히 승리했다고 주장을 했지만, 실제로는 지금도 끊임없이 이 자유민주체제를 무너뜨리려고 하는 세력들이 있습니다.

그런 세력과 그런 이론이 바로 좌경이념과 좌경세력이예요.

그러면 어떤 식으로 해서 자유민주체체를 무너뜨리려고 그러느냐. 경제면에서 자유민주 사회의 경제체제로서 자본주의 체제는 공산주의가 공격하기 아주 쉽습니다.

자본주의라고 하면 괜히 있는 사람이 없는 사람을 좀 무시하는 것 같은 생각이 들잖아요. 사실은 그렇지 않은데도 말이예요.

봐라, 자본주의 체제라는 건 이렇게 "인간을 무시하는, 사람을 무시하는 그런 체제다" 이렇게 해가지고 공격하기가 좋은데, 정치적으로 자유민주주의는 공산주의가 공격하기가 참 어렵습니다.

왜냐하면 그동안에 사회체제가 원시 공산사회로부터 고대 노예제 사회, 중세 봉건주의 사회, 근대 자본주의 사회 그리고 공산주의 체제 이렇게 변해가면서, 민주주의라는 자체가 전 국민이 주인이라는 뜻이기 때문에 가장 훌륭한 제도로서 대부분 이해하고 또 그렇게 인식하고 있습니다.

그래서 일단은 공산주의를 가지고 민주주의를 공격해서는 이게 승산이 없어 보여요.

그렇다고 이 사람들이 공산주의를 가지고 자유민주 체제를 공격하는 거는 안 되니까, 자유민주 체제를 공격하는 걸 포기하겠습니까? 절대 포기를 안 하죠.

그럼 어떤 방법으로 공격을 하겠습니까?

처음에는 "우리도 민주주의다"라고 시작을 했다가 지금에 와서는 "자유민주주의는 가짜 민주주의이고 우리가 진짜 민주주의다" 이렇게 주장을 합니다.

그게 무슨 소리냐?

이 사람들의 이론은 보면, "자유민주주의라는 것은 전 국민이 주인이라는 건데, 아니 주인이 있으면 종이 있는 것이고 지배자가 있으면 피지배자가 있는 것이지, 어떻게 전 국민이 다 주인이 되느냐. 이건 말만 국민이 주인이라고 해놓고 사실은 소수의 부르주아가 다수인 프롤레타리아를 상대로 독재를 하는 부르주아 독재 또는 부르주아가 주인인 부르주아 민주주의다."

"어차피 어느 계급이 다른 계급에 대해서 독재를 해야 할 바에는, 소수인 부르주아가 다수인 프롤레타리아에 대해서 독재를 하는 것보다 다수인 프롤레타리아가 소수인 부르주아에 대해서 독재를 하는 것이 더 민주적이다."

공산주의 즉 "프롤레타리아 민주주의가 더 민주적이고, 따라서 자유민주주의는 가짜 민주주의다" 이렇게 주장을 합니다.

80년대 우리 대학생들이 이 이론으로 전부 다 뽕 가버렸어요.

왜 80년대에 그렇게 많이 좌경화 됐느냐?

그것은 12·12 쿠데타와 5·18 사태를 겪으면서 전두환 군사정부가 들어서고 나중에 장충체육관에서 열린 통일주체국민회의를 통해 간선제로 대통령을 뽑기로 했잖아요.

통일주체국민회의에서 간접 선거로 뽑은 첫 대통령으로 전두환 대통령이 되었는데, 학생들이 이 군부에 대해서 혐오감이 있었을 뿐 아니라 군사 정부라는 것에 대해 견디기 힘들어 했고, 가뜩이나 정권 교체가 불가능하다고 하니까 학생들이 엄청난 좌절감을 느끼고 있었어요.

그래서 "이런 게 자유민주주의 체제라면 도대체 자유민주주의 체제가 무슨 의미가 있느냐." 그러고 있는데 좌익 세력들이 접근을 한 거죠.

뭐라고 접근하느냐면 "그래 너희들 판단이 맞다." "현 체제에서는 정권 교체가 불가능하다." "그러면 어떻게 해야 정권 교체가 가능하냐." "공산혁명에 의할 수밖에 없다."

그렇게 젊은 청년 학생들의 가슴에 불을 질렀어요.

그 당시의 청년·학생들은 "전두환 정권만 쓰러뜨릴 수 있다면 그야말로 악마한테 혼이라도 팔겠다."라는 생각을 갖게 되었기 때문에, 급격하게 공산주의에 빠져들게 되었습니다.

그래서 그때는 자기네들이 이런 혁명을 위해서 공산주의 이론을 공부해야 되고, 공산주의자가 돼야 된다고 생각을 했기 때문에 공산주의를 거침없이 받아들이며 주장을 했어요.

우리 기성세대들은 공산주의라고 그러면 무조건 알러지 반응을 보이는데, 그 당시에 청년 학생들은 공산주의자인 걸 자랑스럽게 얘기를 했어요.

그리고 공산주의 이론을 공부하다 보니까 어떤 점이 있느냐?

자기가 배운지 얼마 되지 않는 지식을 가지고 집에 가서 얘기해 보면, 아버지도 형도 모르지, 선배들도 모르지, 그러니까 자기가 공산주의 이론을 조금 아는 것이 엉터리 지식인 줄도 모르고 크게 선각자나 된 양 착각에 빠져서 자랑스럽게 공산주의 이론을 열심히 공부했습니다.

이런 얘기를 들려주면, 어떤 사람들은 "그렇구나 공산주의가 진짜 민주주의구나"라며 홀려버리는 경우가 있어요.

여러분들은 그 정도로 낮은 수준이 아니잖아요.

그래서 이것이 왜 거짓말인지를 꼭 말씀을 드려야 됩니다.

아까 공산주의 이론이 이중 구조로 돼 있다고 그랬잖습니까. 공산주의 이론 중 우리가 알고 있는 건 전부 선전이론이예요.

선전이론이 뭐냐 하면은 "노동자·농민이 주인이 된다. 계급이 없는 사회다. 능력에 따라 일하고 필요에 따라 분배한다." 그리고 아까처럼 제일 발전된 이론이 "공산주의가 진짜 민주주의"라고 하는 그런 것들이 선전이론이죠.

그러면 실천이론에 가면은 어떻게 되느냐?

실제로 공산주의 사회가 노동자, 농민이 주권을 가지고 있는 사회인가?

본격적으로 실천이론에 들어가 보면 이렇게 말합니다.

"계급 간에 권력을 나눠 가질 수 없다."

"농민을 믿지 마라, 농민에게는 절대로 권력을 나눠주지 말아라." 이렇게 돼 있어요.

그러면 왜 농민한테 권력을 나눠주지 말라고 그러느냐? 농민은 땅에다가 농사를 짓는 사람이기 때문에 땅에 대한 애착이 강하다는 거예요.

즉, 사적 소유에 대한 애착이 있기 때문에 언제든지 부르주아와 영합할 수 있는 그런 기회주의적 속성을 가지고 있다는 겁니다.

이것을 쁘띠 부르주아라고 합니다. 쁘띠가 작다, 이런 뜻인 모양입니다.

농민을 권력에서 완전히 제외시킨다고 하면 어떤 상황이 나타나겠습니까?

여태까지는 자기네들이 다수가 소수에 대해서 독재하니까 진짜 민주주의라고 그랬는데, 많은 인구의 농민을 주권자에서 다 제외하여 버리면 다수가 소수에 대해서 독재를 하는 것도 아니죠.

이게 선전이론과 차이가 나는 점인데 그것까지는 그대로 용인하더라도, 그럼 노동자는 진짜 주인이 될 수 있느냐?

아까 얘기했죠. 공산주의자들이 궤변을 쓴다고 했어요.

여기에서 민주주의 중앙집권제, 약칭 민주집중제라는 '궤변'을 씁니다.

이 궤변의 내용을 알기 쉽게 자세히 설명해 보죠.

노동자들이 수백만 수천만이 되는데 이 많은 사람들이 어떻게 그 주권을 효율적으로 행사하겠느냐? 그 주권을 효율적으로 행사할 수 있게 하기 위해서는 노동자들의 주권을 공산당에다가 위임을 한다, 이렇게 위임을 하는 것이 「민주 집중제」라는 기만적 공산주의 조직 원리예요. 아니 자기 주권을 갖다가 남한테 위임한다는 게 말이 됩니까. 이게 바로 궤변이죠.

그러면은 공산당은 주권을 가지고 있느냐?

공산당원도 또 수만 명이 될 텐데, 이 수만 명이 어떻게 효율적인 주권 행사를 할 수 있겠습니까. 그래서 더 효율적인 주권 행사를 할 수 있도록 하기 위해서는 다시 공산당의 주권을 중앙위원회에다가 위임을 하게 돼 있어요.

이것도 전부 민주집중제의 이론에 근거합니다.

그러면 중앙위원도 수백 명이 되는데 이 사람들이 어떻게 효율적인 주권 행사를 할 수 있겠습니까?

이 경우에도 효율적인 주권 행사를 하기 위해서 중앙위원회의 주권을 정치국에다가 다시 위임을 해요.

똑같이 민주집중제의 이론입니다. 그런데 정치국원은 또 수십 명이 되는데 이 사람들이 어떻게 효율적인 주권 행사를 할 수 있겠습니까. 그래서 다시 효율적인 주권 행사를 위해서 수령 1인에게 위임을 하고, 그래서 수령 1인만이 집권을 하여 주권자가 됩니다.

주권자의 명령에 대해서는 절대로 이의를 제기 하거나 거부를 하거나 반항을 할 수가 없습니다.

주권이란 절대적인 권력이예요.

공산주의 사회에서는 어느 공산주의 사회나 실천이론에 의해서, 주권자는 수령 하나뿐이예요.

공산주의 사회는 노동자·농민이 주권자라고 돼 있지만, 실천이론에 들어가 보면은 노동자·농민은 주권이 없어요.

그 주권이 어디에 가 있습니까?

오로지 수령한테 가 있어요.

그렇기 때문에 공산주의는 어느 공산주의 국가든지 수령 1인 독재 체제를 갖게 돼 있습니다.

그동안에 우리나라 사람들은 공산주의 이론이 어떻게 생겼는지는 잘 모르겠고, "내가 보니까 이해가 안 되는 게 많은데, 이해가 안 되는 까닭은 저게 틀림없이 심오한 이론이기 때문에 그런가 보다"라는 인식을 해왔어요.

대부분의 사람들이 설명하기 어려우니까, "공산주의가 이론은 좋은데 현실이 그에 미치지 못하는가 보다"라는 식의 말도 합니다.

이 대목에서 우리는 명지대 윤원구 교수님의 견해를 주목해야 합니다.

전에도 말씀드린 바 있지만, 윤 교수님은 공산주의 이론에 아주 통달하신 분이예요. 이분은 1970년대 후반 이후 대학에서 공산주의 이론을 강의하시면서 "이론은 좋은데 현실이 그에 미치지 못하는 것뿐이다"라는 말에 납득할 수 없다고 했어요.

자기가 공산주의 이론에 통달한 사람인데, "이론이 좋으면 현실 결과도 좋아야지, 이론은 좋은데 현실이 미치지 못한다는 게 이게 말이 되느냐."

그래서 공산주의 이론에 뭔가가 비밀이 있다. 이렇게 생각을 했습니다.

그런 의문을 풀기 위해서, 이 양반은 공산주의 종주국인 소련의 정치학 교과서·경제학 교과서 등 이런 것을 구해가지고 다시 공산주의 이론을 연구했습니다.

그래서 전 세계에서 처음으로 공산주의 이론은 선전이론과 실천이론이 별도의 이중 구조로 돼 있다라는 걸 발견을 해냈어요.

그런 다음부터 제가 말씀드린 바와 같이 제대로 된 공산주의 비판 강의가 가능해진 것입니다.

Part

자유
체제의
현황

5강

좌익의 진지전, 돌파 전략

지난 토요일 촛불 세력들이 삼각지 쪽에는 오지도 못하고 중간에 해산이 돼서 이제는 뭐 촛불 때문에 어떻게 될까 봐 걱정은 안 하셔도 될 것 같습니다.

그러면 이제 다음에는 우리가 무엇을 준비해야 되느냐?

제 생각에는 그동안 종북 주사파 세력들이 그람시의 혁명론을 받아들여가지고 우리 사회 각 분야에 진지를 구축해 놨는데, 그 진지를 깨는 작업을 해야 되겠다 하는 것입니다.

그런데 그 진지전에 대해서, 우리 현실이 이렇다고 걱정들을 많이 하시지만, 그것을 어떻게 깨야 된다 라는 것을 구체적으로 말씀해 주시는 분은 없었던 것 같습니다.

그동안 아무도 말씀을 안 하신 틈에, 제가 막간을 이용해서 어떻게 하면 각 분야의 진지를 깰 수 있느냐는 점에 대해서 제 의견을 말씀드리겠습니다.

각 분야의 진지라는 것은 각 분야에서 문화적 헤게모니를 장악했다는 뜻이거든요. 그래서 이를테면 교육의 예를 들면, 저 사람들이 참교육이라는 용어로 완전히 교육 분야에서 헤게모니를 장악한 겁니다.

그런데 그걸 깨려면 어떻게 해야 되느냐.

저 사람들이 얘기하는 참교육이라든지, 각 분야에서 주장하는 목적들이 겉으로는 그럴 듯 하지만, 자세히 알고 보면 그게 "바로 공산주의 사회를 만들자"는 뜻이라든지, "북한으로 적화 통일하자"는 뜻이다 라는 사실을 우리가 이해시켜주면 그 진지를 깰 수 있을 것이라고 생각을 합니다.

말씀드렸는지 모르겠지만, 참교육이라는 것을 처음 들고 나왔을 때 우리 학부모들은 참교육이 입시 위주 교육이 아니고, 또 매질 안 하고, 또 촌지 안 주고받기 등 이런 거 정도로 좋게 생각을 했는데, 사실은 종북 주사파들이 주장하는 참교육이 뭐냐?

참교육은 일본 교육 황폐화의 주범이라고 하는 일본 교원 노조가 쓰는 참眞 진교육을 우리말로 바꿔서 참교육이라고 그러는 겁니다.

그러면 종전의 교육이 왜 가짜 교육이고, 자기네들 것을 왜 참교육이라고 그러느냐?

이 사람들 주장에 의하면, 종전의 교육을 가짜 교육이라고 하는 까닭은 "우리 학생들 대부분은 민중계급의 자식이고, 그 학생들이 나중에 사회에 진출해서 부르주아가 되는 학생은 극소수일 뿐이며 대부분 민중계급이 되는데, 민중계급의 자식인데다가 또 앞으로 민중이 될수 밖에 없는 학생들한테 자본가를 위한 자본주의 교육을 시키는 것은 가짜 교육이다"라는 것입니다.

그러면 어떤 것이 진짜 교육이라고 주장하는가?

"민중이 주인이 되는 나라를 만드는 능력을 키워주는 교육 곧 민중민주주의 국가를 건설할 수 있는 능력을 키워주는 교육, 다시말하면 민중혁명 역량을 키워주는 교육이 진짜 교육이다"라고 합니다.

이렇게 해서 지금 일반 국민들이 알고 있는 참교육과 자기네들이 쓰고 있는 진짜 참교육의 의미는 이렇게 전혀 다릅니다.

그래서 사실은 여기서 공산주의 이론의 선전이론과 실천이론을 좀 설명을 드려야 하지만, 여기 계신 분들은 공산주의의 선전이론과 실천이론을 다 알고 계실 거라고 생각을 해서, 저 사람들이 만들려고 하는 민중민주주의 국가, 민중이 주인이 되는 나라, 이런 것이 사실은 곧 공산주의 국가라는 뜻이라고 봐야 됩니다.

그러니까 참교육이 그럴듯하게 들리지만, 사실 저 사람들의 의도는 공산주의 사회를 만들자는 것입니다. 실천이론으로는 수령 1인 독재체제를 만들자는 뜻이기 때문에 참교육이 왜 수령 1인 독재체제를 만들자는 것이냐, 공산주의 사회를 만들자는 것이냐를 설명을 해주면 됩니다.

혹시 그 설명이 더 필요하시면 나중에 제가 따로 시간을 내서 자세한 설명을 해드리기로 하겠습니다.

교육 분야에서는 그렇고, 역사, 특히 국사 분야에서도 마찬가지입니다.

왜 좌익들은 이승만 대통령이 대한민국 건국 대통령인 것을 부정하고, 김구가 우리나라 건국 대통령이라고 주장을 하느냐?

왜 이승만 대통령을 말도 되지 않는 친일파라고 그렇게 공격을 하느냐?

그리고 왜 좌익들은 우리나라 역사교육이 식민사관이고 왕조사관이라 하며, 그래서 그게 잘못됐으므로 민중이 중심이 되는 사관 즉 민중사관을 주장을 하는지 그것을 알려주면 됩니다. 이승만 대통령이 훌륭한 대통령이고 박정희 대통령이 훌륭한 대통령이라면 우리나라의 국가적 정통성이 인정되기 때문에, 그렇게 하면 좌익들이 우리나라를 전복할 구실이 없어지기 때문입니다.

그래서 우리나라의 역사적 정통성을 없애기 위해서 이승만 대통령은 독재자다, 친일파다 이런 거를 붙여서 그러는 것이고, 그래서 자기네들은 북한에 정통성이 있다고 합니다.

따라서 북한 중심으로 통일이 돼야 한다며, 이걸 주장하기 위해서 그렇게 하는 거죠.

그러니까 저 사람들이 말은 민중사관이고 우리 국민들 즉 민중들을 위한 정치를 하며 역사를 공부한다 라고 하는 것처럼 돼 있지만, 실제로는 김일성 중심의 적화 통일을 노리고 북한의 정통성을 인정해 주려고 하는 헛소리라는 것을 알아야 합니다. 이것을 설명을 해주면 역사학계에서도 우리가 문화적 헤게모니를 도로 찾을 수 있을 것 같습니다.

각 분야 별로 어느 분야나 궁금한 걸 다 말씀해 주신다면, 그들이 지금 잡고 있는 문화적 헤게모니의 정체와 그것을 깨뜨리는 방법을 모두 설명해 드릴 수 있습니다. 하여튼 일단 예로서 두 가지만 간단하게 설명을 드렸습니다.

감사합니다.

6강

자유우파,
현 상황에서 무엇을 해야하나

4회까지 오시는 분들이 대부분 비슷해가지고 같은 얘기를 네 번씩 듣느냐, 그래가지고 제 강의를 뺐는데 이렇게 새로운 분들이 오실 줄 알았으면 제 강의를 좀 넣었으면 좋을 뻔 했습니다.

그래서 말은 강의라고 했지만 그냥 두 분 강의를 듣기 전에 인사말을 하라고 해서 간단히 인사말을 마쳤는데, 또 인사말만 하고 말기는 서운하니까 제가 '우리 자유민주당이 어떻게 걸어왔는지' 하고 '앞으로 우리 자유민주당이 어떻게 갈 것인지' 그리고 '우리 자유민주당이 속한 자유 우파 애국 세력들이 어떤 길로 가야 될지' 그런 것에 대해서 간단한 소견을 좀 말씀드리겠습니다.

자세한 얘기는 생략을 하더라도 자유민주당은 우파정당으로서 보수 정당임을 표방하는 국힘당이 너무 자유우파의 역할을 제대로 못해주는 것 같아서 국힘당의 대안정당이 되어 국민의 힘을 대체하는 정당이 되고자 당(자유한국21)을 만들었습니다.

그 후 하여튼 자유우파 애국세력들 간에 이합집산을 하다가, 정규재 씨가 하던 「개혁 자유연합」과 저희가 만들었던 「자유한국 21」이 합쳐가지고 지금 자유민주당으로 이렇게 발족을 하게 되었습니다.

그런데 저희 자유민주의 첫 번째 목적이 종북 좌파정권 종식이고, 두 번째가 기회주의 가짜야당 청산이었습니다. 그 당시에 기회주의 가짜야당이라는 거는 국힘당을 얘기하던 것이었으며, 세 번째가 자유 우파의 대동단결 등을 내걸고 저희 당이 출범을 했습니다.

그래서 지금 현재 저희가 종북좌파 정권 종식이라는 목표는 이뤘습니다.

단지, 자유우파 애국세력이 대동단결을 하는 데는 아무 지장이 없는데, 지금 문제가 뭐냐 하면은 기회주의 가짜 야당 청산입니다.

지금은 이제 여당이 됐지만 가짜보수 여당인 국힘당을 어떻게 해야 되느냐, 그게 지금 저희가 당면한 과제입니다.

그래서 거기에 관련하여 저희 생각을 좀 말씀을 드리도록 하겠습니다.

저희 자유민주당은 여기 계신 분도 다 마찬가지겠지만, 주로 태극기 세력들이 중심이 돼서 만들어진 정당입니다.

그러니까 탄핵에 대해서 반대를 하던 분들의 모임입니다.

그런데 저희 자유민주당을 비난하는 사람들이 대선 전에, 경선 당시에서부터 "어떻게 탄핵을 반대하던 태극기 애국세력이 윤석열을 지지할 수 있느냐. 윤석열은 박근혜 대통령을 구속시키고 고생을 시킨 사람인데 어떻게 윤석열을 지지할 수 있느냐"고 비난해왔습니다. 그리고 지금 윤석열이 대통령이 된 후에, 윤 대통령이 우리 자유우파의 성격하고는 조금 안 맞는 그런 노선을 걸은 게 있습니다.

그러니 그 사람들은 신이 나서 "봐라 윤석열이가 저럴 줄 몰랐느냐, 윤석열이가 저럴 줄 모르고 지원한 것은 너희가 잘못한 것 아니냐." 이렇게 비난을 하는 사람들이 많이 있습니다.

그래서 그것과 관련해 저희 당이 어떻게 걸어왔는지, 그리고 앞으로 어떻게 할 것인지를 좀 말씀드리도록 하겠습니다.

저희 당은 아까 저희를 비난하고 있는 그런 세력들이 느끼는 감정을 저희도 똑같이 느끼고 있었습니다. 그래서 어차피 저희는 이재명이가 대통령 되는 것을 그대로 두고 볼 수는 없고, 그렇다고 우리가 또 대선에 출마를 해서 국힘당 후보인 자유 우파가 대통령에 당선되는 것을 표가 나뉘어 방해할 수도 없고 그래서 고민을 하고 있었습니다. 그 당시 국힘당 내에는 11명인지 12명인지가 경선에 참여를 했는데, 전부 탄핵하고 관련이 있어서 누구 하나를 마음 놓고 지지할 사람이 없었습니다.

그래서 저희가 생각해낸 것이 탄핵 문제에서 책임이 없는 인물로 그때 최재형 감사원장이 후보로서 제일 깨끗한 사람인 것 같아가지고, 최재형 감사원장을 대통령 후보로 내세우려고 열심히 홍보를 해서 최재형 감사원장 지지율이 8%가 될 때까지 올랐습니다.

그런데 더 이상 감사원에 남아 있지 못하고 나온 상황에서 가급적이면 저희 당 후보로 나와주기를 바랐는데 저희 뜻이 안 이루어지고, 아무래도 국힘당이 제일 큰 당이니까 국힘당으로 들어갔습니다. 그래도 저희로서는 어차피 민주당이 정권 재창출하는 것을 막아야 되기 때문에, 최재형이 다른 당에 갔어도 어쨌든 그를 계속 지원을 해왔습니다만 잘 아시다시피 최재형은 경선에서 떨어졌습니다.

그리고 남은 사람이 홍준표·윤석열·원희룡·유승민 등 4명밖에 안 남았는데, 사실 그 중에서 아무도 지원하고 싶은 사람이 없었습니다. 그래서 나중에 넷 중에서 경선에 통과한 사람을 우리 당이 지지를 하자 라고 생각을 하고 있었는데, 그 날이 작년(2021) 10월 26일이니 3차 경선하기 한 일주일쯤 전이죠.

그즈음, 윤석열 후보가 전화를 걸어왔습니다.

모르는 전화로 왔길래 받았더니, "선배님 저 윤석열입니다." 그러더니 "선배님이 유튜브에서 하시는 말씀들을 많이 들어서 선배님이 무슨 생각하고 있는지 잘 알고 있습니다. 선배님 뜻대로 자유민주주의체제의 수호와 국가 안보를 최우선 원칙으로 할 테니까, 저를 좀 도와주십시오" 그러더라고요.

그런데 그 당시에 사실은 경선까지는 관여를 안 하려고 그랬었는데, 경선하는 과정에 홍준표에 대해서 좌익 세력들이 역선택을 한다는 소문이 많이 있었고, 실제로 홍준표에 대해서 호남 지방에서 막 50%씩 지지가 되고 그러는 거는 있을 수가 없는 일이거든요.

그래서 실제로 역선택이 이루어지고 있다는 걸 알게 됐고, 또 우리가 좌익 세력이 역선택한 사람을 지지할 수는 없지 않느냐, 이렇게 생각을 하고 있었어요.

마침 윤석열이 자유민주체제 수호를 최우선 원칙으로 하겠다고 그러니까 우리가 자유민주체제 수호 말고 더 바랄 게 뭐가 있습니까?

우리 자유민주당 입장으로서는 무슨 공직에 진출하려고 그러는 게 아니고, 나라를 지키는 일에만 최우선 원칙을 두고서 창당을 했던 것이기 때문에, 그러면 됐다 싶어서 그 말을 믿고 저희가 윤석열 지지 선언을 했습니다.

바로 그다음 날인 10월 27일에 고성국TV에 나가서, 제가 "저와 우리 자유민주당은 윤석열을 지지하겠다." 그렇게 선포를 했습니다. 그런데 사실은 윤석열 후보가 저한데 도와달라고는 했어도 그냥 윤석열 지지 선언 정도만 생각을 했지, 저희가 그렇게 열심히 돕게 될 줄은 아마 몰랐을 겁니다.

작년 11월부터 매주 2회 내지 3회씩 조선일보·문화일보·동아일보·중앙일보 등 메이저 신문들에 계속 광고를 냈습니다. 그렇게 3월 9일까지 광고로 지원을 했고, 그렇게 해서 어쨌든 간에 아슬아슬하게라도 윤석열 후보가 당선이 됐습니다.

저희가 그때까지 광고비로 들인 돈이 10억 원 이상이 들었지만, 어쨌든 10억 원을 투자해서 윤석열이 대통령에 당선됐고, 그래서 일단 적화되는 걸 막았기 때문에 우리로서는 본전을 찾았다, 이렇게 생각을 했습니다.

그런데 이제 3월 9일이 돼서 좌파정권을 종식시켰으니까, 그 다음으로는 기회주의 가짜 야당인 국힘당을 어떻게 청산해야 하느냐 하는 고민이 저희들에게 생겼습니다.

또 다른 고민으로는 대통령 선거에서 윤석열이가 대통령이 되기는 했지만 눈에 띄게 변한 게 하나도 없다는 것이었습니다.

언론도 그대로 있지요.

요새 언론을 보면, 윤석열이가 잘한 것으로 우선 자유민주체제를 지킨 것, 한미 동맹을 유지한 것, 원자력 발전을 다시 시작한 것만 해도 모든 허물을 다 덮고도 남을 텐데, 모든 방송들이 그런 얘기는 한마디도 안 하고 대통령 관련 가십거리나 가지고서는 계속 시비를 걸고 있어요. '비가 오는데 퇴근을 했다'는 등 별소리를 다 하고 그러니까 지지도가 나올 수가 없죠.

그리고 경찰도 최근에야 정리가 좀 되지 않았습니까. 간신히 검찰 조직 하나 어느 정도 정리를 했고, 그 외에는 지금 아무것도 정리된 게 없습니다.

언론도 그대로 있지, 사법부도 그대로 있지, 국회는 압도적으로 저쪽 민주당이 다수당이죠. 그래서 지금 옴치고 뛸 수가 없게 돼 있는데, 거기다가 우리가 국힘당에 대해 공격을 해서 국힘당의 힘을 빼놓으면, 그렇게 되면 내년 총선 전에 윤석열이가 탄핵이 되든지, 정권 유지가 어려울 것 같다는 생각까지 하게 됐습니다.

지금 저희 생각에 그동안 윤석열이가 한 행동들 가운데, 5·18 광주 정신을 헌법 정신으로 해야 된다느니, '전 국민이 광주시민이다'하면서 5·18 묘지를 참배하고, 또 대통령 부인은 권양숙 하고 김정숙을 찾아다니는 등 행태에 대해 자유우파 쪽에서는 납득할 수 없다는 반응을 보였다고 봐요.

"봐라 윤석열이 그런 사람인지 몰랐느냐, 우리가 윤석열이 안 된다고 그랬을 때 너희 같은 수박 보수들이 윤석열 지지하는 바람에 나라 망하게 된 거 아니냐." 이런 비난을 하면서 마구 불쾌감을 쏟아 냈어요.

그런데 사실은 김건희 여사가 권양숙 하고 김정숙만 찾아다닌 게 아니고 전두환 대통령 부인이나 노태우 대통령 부인도 찾아뵙고 다 했는데, 그런 거는 뉴스에 전혀 안 비치고 그러니까 윤석열 대통령의 절대적인 지지 기반이 되는 영남이나 또 이념적인 지지 기반이 되는 우리 자유우파 애국세력들은 엄청난 배신감을 느끼게 된 것이지요.

아까도 말씀드렸습니다만 상투적인 얘기 같으나, 그러면 윤석열을 떨어뜨리고 우리가 이재명을 당선시켰어야 됩니까? 그거는 말도 안 된다고 생각을 하고, 이제 문제는 앞으로 어떻게 해야 되느냐인데, 자유우파 중에는 윤석열이 정책을 발표할 때마다 '이제 윤석열에 대한 지지를 철회한다, 이제 그만이다.' 계속 이렇게 엇나가는 분들이 많이 있습니다.

요즘 우리 국민들 성향을 분석해보면, 지금 좌파와 우파가 딱 50대 50으로 갈라집니다.

다만 좌파는 다 한 덩어리로 돼 있는데, 우파는 탄핵 찬성 세력이 한 25% 되고 탄핵 반대 세력이 25%가 됩니다.

그런데 탄핵 찬성 세력과 반대 세력 사이의 대립 상태는 사실 국힘당이 민주당을 보는 것보다 더 적대적인 관계로 볼 수도 있어요.

다행히 통일선전술이라고 해도 되고, 이재명이가 당선되지 않게 하기 위해서 탄핵 찬성 세력과 탄핵 반대 세력이 싸우는 것을 멈추고 그나마 대통령 선거에서 대부분이 윤석열을 지지하여 간신히 당선이 됐는데, 당선이 되고 나서는 또 완전히 갈라지고 있습니다.

현재, 국힘당은 완전히 탄핵 찬성 세력이 장악을 하고 있고, 탄핵 반대 세력들은 저희 같이 자유우파나 기타 당들입니다. 그래서 지금 탄핵 찬성한 세력들은 어차피 윤석열이를 처음부터 지지했고 한 편이니까 그리 갑니다.

그러나 탄핵에 반대했던 우리 자유민주당이나 자유우파 세력들이 앞으로 어떻게 해야 되겠느냐? 거기에 대해서 제가 좀 생각을 해봤습니다.

그래서 제가 드리고 싶은 말씀은 이렇습니다.

1988년도에 양동안 교수가 '우익은 죽었는가?'라는 논문을 썼습니다.

김대중 대통령이 된 게 1997년인데, 그 10년 전에 쓴 글로 당시로서는 일반 국민들이 실체적 진실을 전혀 느낄 수 없을 정도의 통찰력 있는 내용입니다.

요약하자면, 대한민국은 앞으로 좌우합작 정부가 됐다가, 그다음에 좌파가 주도하는 정부가 됐다가 그다음에 완전히 공산화로 간다는 것이지요.

그때는 아무도 안 믿고 그러한 글을 썼다는 이유로 양 교수님이 한국학중앙연구원에서도 쫓겨나고 그랬지만, 굉장히 거시적 정세 변화의 전개 과정을 예견한 탁월한 안목이었습니다.

실제로 김대중 정부는 김종필 하고 좌우 합작을 한 정부이고, 그다음에 노무현 정부는 좌파가 완전히 주도하는 그런 정부고, 그다음에 이제 문재인은 사실상 공산정권인데 헌법 개정하려다가 우리 우파들이 악착같이 막아서는 바람에 헌법 개정이 안 됐잖습니까.

그러니까 공산화가 진행이 정지됐고, 다만 헌법 개정은 안 됐어도 저희가 지난번에 광고도 냈듯이 우리 교과서라든지 이런 거 보면 사실상 속으로는 공산화가 다 돼버렸습니다.

그래서 저는 이런 의견을 냈어요.

우리 자유우파들이 윤석열 정부나 윤석열에 대해서 못마땅한 것이 많이 있더라도 우리도 조금 더 여유를 갖고 생각을 하자. 즉 공산정권에서 갑자기 완전한 자유우파 정권이 된다고 급하게 기대하지 말고, 우리가 윤석열 정부를 좌우합작 정부 정도로 생각을 하자, 왜냐하면 윤석열 대통령은 결국 좌쪽에도 우쪽에도 눈치를 살필 수 밖에 없는 그런 입장이기 때문입니다.

아까 말씀드린 것처럼 사법부는 지금 하나도 건드려보지 못하고 있는 형편이고, 국회는 민주당이 장악하고 있습니다. 결국은 윤 대통령 입장에서도 좌우로 눈치를 볼 수 밖에 없는 그런 처지거든요. 그래서 윤석열 정부에 대해서 너무 큰 기대를 하지 말고, 일단 그나마 공산화를 막고 좌우합작 정부가 됐다는 선에서 일단은 만족을 하자는 겁니다.

그 다음에는 우리가 어떻게 해야 되겠습니까?

어떻게 하든 우파가 주도하는 정부가 돼야 하지 않겠습니까. 그런데 지금 여기서 윤 대통령이 물러나면은 우파가 주도하는 정부가 될 수 있겠습니까? 지금 만일 윤석열이 여기서 물러나면 박근혜 대통령이 물러난 것보다 더 크게 좌향좌가 될 겁니다.

그래서 완전히 공산정권이 될 수밖에 없는 그런 환경이기 때문에, 하여튼 가급적이면 윤석열을 지지해주고, 또 조금 못마땅한 것이 있어도 '이제 윤석열에 대한 지지를 철회하겠다.' 라는 말을 섣불리 할 게 아니라, 윤석열 정부가 어떻게든지 간에 성공한 정부가 되어 그다음에 우파 후보를 내세워서 우파 후보가 당선될 수 있어 정권 재창출을 할 수 있도록 우리 자유우파 국민 여러분들, 좀 참고 인내해 주시면 좋겠다 그런 말씀을 드립니다.

7강

대한민국 체제전쟁 현황과 대책

전교조가 표방하는 참교육이 이적 이념이라는 걸 우리나라에서 제일 처음 발견한 게 바로 접니다.

1989년에 전교조를 한 번 해산시켰었는데, 1999년에 김대중 정부 들어서서 다시 합법화가 되었어요. 그래서 제가 오늘은 전교조 얘기를 좀 하도록 하겠습니다.

우리 윤 교수님이 말씀하신 대로 전교조가 구축해 놓은 이 진지를 어떻게 돌파해 나갈 수 있을 것인가?

진지전(陣地戰)이라는 얘기 많이 들어보셨죠.

이탈리아 공산주의자 안토니오 그람시가 생각해낸 건데, 왜 그런 생각을 했냐 하면, 공산주의 이론에 의하면 프롤레타리아 혁명에 의해서 자본주의 국가를 혁명으로 뒤엎고 공산주의 국가로 만드는 것이 원래 계획이었어요.

그런데 서구에서 프롤레타리아 혁명, 즉 노동자·농민을 이끌고 혁명을 일으키려고 해 보니까 노동자·농민들이 다 잘살고 있는 거예요. 또 자유민주체제에도 다 익숙해져 있는 거예요.

그러니까 그런 폭력 혁명이 성공될 수 없다는 겁니다.

그래서 생각을 해낸 것이 사람들의 의식을 먼저 바꿔놔야 되겠다 해서 우리나라 말로 하면 의식화를 시도하게 된 것입니다.

언론·문화·예술·교육할 것 없이 각 분야를 전부 의식화시켜서, 폭력 혁명 대신에 의식화된 민중을 중심으로 투표를 통해서 정권을 장악한다는 식의 생각으로 "각 분야의 진지를 구축한다" 라는 것입니다. 이를테면 진지론인데, 그 진지론을 어떻게 깰 것이냐에 대해서 제가 말씀을 드리도록 하겠습니다.

원래 전교조 측에서 거론하는 전통 교육 쪽의 말씀을 좀 하도록 하겠습니다.

전통 교육에서 학생들이나 지식인들이나 전부 다들 원래는 자유민주주의론자들입니다.

그런데 좌익들이 그 학생들을 공산주의 쪽으로 지향하도록 바꿔야 되는데, 학생들을 그냥 공산주의로 바꾸려고 하면 그동안의 교육에서 공산주의는 나쁜 것이라고 교육을 받았기 때문에 쉽게 안 바뀝니다.

그래서 공산주의자로 만들기 위해 좌익들은 무조건 거짓말을 합니다.

거짓말로, 곧 사기로 정권을 장악하려면 사실상은 공산주의이면서 공산주의가 아닌 척 하면서 바꿔주는 겁니다.

그래서 들여온 것이 참교육이라는 이론입니다.

참교육이란 말을 듣고 어느 학부모가 "저게 공산주의 이론을 가르치는 거구나"라고 생각하겠습니까. 아무도 그런 생각을 안 했죠.

특히 전교조가 처음 나타난 1989년 그 당시에는 우리나라 교육계에 진짜로 촌지라든지, 선생님이 학생을 구타한다든지, 또 순전히 입시 위주 교육을 한다든지 그래서 학부모들이 이 교육에 대해서 엄청나게 거부감을 느끼고 있을 때였어요.

그럴 때 참교육이라는 말을 들으니까, 학부모들은 이건 여태까지의 교육이 아닌 아주 다른 교육인 줄 여겼어요. 그러니까 매질도 하지 않고, 촌지도 안 받고, 또 입시 위주가 아닌 인성 위주의 교육을 하겠다는 뜻인가보다 그렇게 생각했어요.

그러나 참교육의 정의에 대해서 전교조 선생님들은 한 번도 구체적 설명을 한 적이 없었습니다.

말만 참교육이라고 그랬지, 그 참교육의 내용이 뭐라고 하는 말을 안했다는 말씀입니다.

그러면 참교육의 실체는 뭣이겠습니까.

참교육이라는 것은 일본 교육 황폐화의 주범이라고 이미 평판이 난 것이었지만, 일본 교원 노조에서 주장하는 참 眞자 진교육을 우리나라 말로 바꿔서 참교육이라고 번역을 한 겁니다.

그러면 과거 교육은 왜 거짓이고 그들이 왜 참교육을 하느냐?

이 사람들 주장에 의하면, 학생들 대부분은 민중계급 자식이고 또 이 학생들이 사회에 나가면 그중에서 부르조아가 될 사람들은 극히 소수이고 대부분은 민중계급이 될 텐데, 민중계급의 자식이고 앞으로 민중계급이 될 학생들한테 자본가를 위한 자본주의 교육을 시키는 것은 잘못된 교육이다. 즉 가짜 교육이다 라고 합니다.

그러면 어떤 것이 진짜 교육이냐?

민중이 주인이 되는 나라를 만드는 교육, 민중민주주의 국가를 만드는 능력을 키워주는 교육, 즉 민중혁명 역량을 키워주는 교육이 진짜 교육이라고 주장합니다.

그러니까 목적 자체가 처음부터 학생들을 민중혁명 투사로 기르겠다는 겁니다.

제가 애국단체 활동을 시작하게 된 것은, 2006년도에 검찰에서 퇴직하고 나올 때 부터입니다. 그 당시 조선일보 사설, 동아일보 사설 등을 보니까 이런 일류 메이저 신문의 사설들이 전교조에 대해서 폐해를 알기는 하는데, 뭐라고 그러냐면 "하루빨리 참교육 본래의 정신으로 돌아가야 될 것이다"라고 엉뚱하게 해석하는 겁니다.

그러면 뭡니까? 민중혁명 역량을 키우는 정신으로 돌아가야 된다는 얘기 아닙니까. 그래서 이것을 그대로 두면 매년 몇십만 명씩 공산주의자를 길러내는데 이용만 당하고, 아예 체제 경쟁이 되지 않겠다 싶었어요.

그래서 제가 참교육의 실태를 알리려고 애국단체 활동을 시작하다가 지금 여기까지 왔습니다.

그런데 제가 민중민주주의가 이적 이념이라는 걸 처음 밝혀낼 때, 대검 공안부장님조차도 "민중이 주인이 되는 나라를 만들겠다는데 뭐가 잘못이냐" 그럴 정도로 국민들이 민중민주주의가 뭔지를 전혀 모르고 있었습니다.

그래서 전교조가 얘기하는 민중민주주의 교육이라는 게, 결국은 공산주의 교육이고 수령 1인 독재체제로 가자는 교육인데 그 이유를 조금 설명 드리도록 하겠습니다.

공산주의 이념은 다시 한번 더 말씀드리지만, 사회적 약자를 이용해서 정권을 획득하려는 사기극입니다.

공산주의 이론은 전부 사기예요. 전부 거짓말로 이루어져 있습니다.

우리가 알고 있는 공산주의 이념이라는 것은 노동자·농민이 주인이 된다든지, 또 능력에 따라 일하고 필요에 따라 분배한다든지, 또 계급이 없는 사회라든지, 이렇게 우리가 알고 있는 공산주의에 대한 모든 상식들이 전부 공산주의 이념의 선전이론들인 것입니다.

그러면 노동자·농민이 주인이 되는 공산주의가 어떻게 해서 민중이 주인이 되는 나라를 만들겠다는 민중민주주의로 바뀌게 되었는지 보겠습니다.

우리나라에서 1983년까지, 즉 부림사건 재판할 때까지는 학생들이 공산주의를 마구 내놓고 주장을 했습니다.

그런데 재판을 받다 보니까 공산주의이론을 얘기를 하면, 법정에서 판사한테 불리한 처분을 받게 되는 거예요.

그래서 그 당시에 좌익들의 상층부에서 '법정 투쟁지침'이라는 게 내려왔습니다.

법정 투쟁지침이 뭐냐 하면 경찰에서 붙잡히면 무조건 묵비권을 행사한다. 그리고 할 수 없이 자백을 했으면 검찰에 가서는 전면 부인한다. 또 검찰에서 자백을 했어도 법원에 가면 또 전면 부인한다. 전부 고문에 의한 자백이다. 이런 식으로 전면 부인하고 그중에서 가장 중요한 것이 자기가 공산주의자라는 것을 절대로 밝히면 안 된다. 이런 지침이 내려왔습니다.

그런 다음부터는 우리나라에서 좌익들이 자기가 공산주의자라는 얘기를 안 합니다.

그전까지는 공산주의자라는 걸 자랑했음에도 완전히 태도를 바꾼 겁니다.

그러면 공산주의라는 얘길 안 하면, 이 사람들이 공산주의 이념을 버렸을까요?

안 버리죠. 그래서 궁여지책으로 바꾼 이름이 민중민주주의입니다.

민중민주주의 이것도 자기네들이 머리를 쓴 것이 아니고, 북한에서 얘기하는 인민민주주의에서 인민을 민중으로만 바꿔서 얘기를 하는 겁니다.

그러면 제가 앞으로 말씀드릴 얘기는 공산주의는 노동자·농민이 주인이라고 하는데, 실제로는 노동자 등이 주인이 아니고 수령 1인 독재체제로 가게 돼 있는 것입니다. 그게 실천이론입니다.

그러면 민중민주주의가 민중이 주인이 된다고 하는 것도 민중혁명이 성공하게 되면, 노동자·농민, 도시 빈민, 하급 관리 등 민중계급 중에서 노동자 이외는 전부 털어버려 권력에서 배제를 합니다. 결국은 노동자 중심의 국가를 만든다고 그랬다가 종국에는 수령 1인 독재가 되도록 돼 있는 것을 지금 설명을 드리려고 그럽니다.

공산주의 이론에 의하면 노동자·농민이 주인이 된다고 그랬는데, 실제로 노동자·농민이 주인이 될 수 있느냐?

현재 세계에 있는 모든 공산주의 국가 어디를 봐도 노동자·농민이 주인인 국가는 없습니다.

전부 수령 1인 독재체제가 되어 왔죠.

옛날에 소련도 그렇고, 중공도 그렇고, 북한·쿠바 등 공산주의 국가는 어느 공산주의 국가든지 전부 수령 1인 독재체제가 돼 있습니다.

그 당시에 우리나라 사람들은 공산주의 이념을 잘 몰라서, 공산주의가 이론은 옳은데 현실이 그에 따르지 못해서 대부분 잘못됐다고 생각을 하는데, 그게 아니고 공산주의 이론에서 실천이론 자체가 원래 그렇게 돼 있는 겁니다.

왜 그렇게 되느냐, 그 과정을 설명 드리겠습니다.

공산주의 실천이론에서 노동자·농민이 주인이라고 했는데, 실제로 노동자·농민이 과연 주인이 되는지를 보겠습니다.

공산주의 실천이론에 들어가면 "계급 간에 권력을 나눠 가질 수 없다. 농민을 믿지 말라. 농민에게는 절대 권력을 나눠주면 안 된다." 그렇게 돼 있습니다.

왜 농민에게 권력을 나눠주면 안 되느냐?

농민은 땅에다가 농사를 짓는 사람들이기 때문에 땅에 대한 애착이 강하다는 겁니다.

다시 말하면 사적 소유에 대한 욕구가 강하기 때문에 언제든지 부르주아들과 영합할 수 있는 그런 기회주의적 속성을 가지고 있기 때문에 농민에게는 권력을 나누지 말라고 하는 거예요.

그래서 말은 노동자·농민이 주인이 되는 사회라고 그랬지만 농민을 배제해 버리니까, 노동자·농민이 주인이라는 말이 거짓말이죠.

또한 다수가 소수를 지배해서 더 민주적이라는 말도 이제 말이 안 되는 거죠.

그럼 노동자는 주인이 될 수 있느냐?

이 사람들이 또 실천이론에 가면 어떻게 얘기를 하냐면은 "수백만 수천만 명의 노동자들이 어떻게 효율적인 주권 행사를 할 수 있겠느냐, 효율적인 주권 행사를 하기 위해서는 노동자들의 주권을 공산당에게 위임해야 한다."고 그래요.

바로 이것이 공산당의 조직 원리인 민주주의 중앙집권제, 즉 민주집중제라고 하는 이론입니다.

그래서 노동자들이 갖고 있는 주권마저 공산당에다가 주어버리는 겁니다. 그러면 주권자는 공산당이고 노동자는 주권자가 아닌 겁니다.

이 주권이라는 건 절대적인 권력이기 때문에 주권자의 지시에 대해서는 절대적으로 복종을 해야 됩니다.

그러면 공산당원들은 주권자가 될 수 있느냐?

공산당원도 수만 명, 수십만 명이 있는데 이 사람들이 어떻게 효율적인 주권 행사를 할 수 있겠습니까. 그래서 공산당이 가지고 있는 주권을 중앙위원회에다가 다시 위임을 합니다.

이것도 민주주의 중앙집권제 즉 민주집중제 이론에 의한 것입니다.

그러면 중앙위원회는 주권자가 될 수 있느냐?

중앙위원회도 수백 명이 있는데, 중앙위원들이 어떻게 효율적인 주권 행사를 할 수 있겠습니까. 그래서 다시 그것을 정치국에다가 위임을 합니다.

그럼 정치국은 제대로 된 주권자가 될 수 있느냐?

정치국원도 수십 명이 있는데 이 사람들이 어떻게 효율적인 주권 행사를 할 수 있겠습니까. 그래서 효율적인 주권 행사를 위해서 정치국원들이 갖고 있는 주권을 수령 1인에게 위임하도록 돼 있습니다.

그러면 결국 공산주의 국가는 수령 1인만 주권을 가지고, 나머지는 주권을 가진 사람이 없습니다.

수령 1인만 주권자이기 때문에 그 수령의 명령에 대해서는 어느 누구도 반항하거나 거부할 수가 없습니다.

그래서 이런 식으로 많은 노동자·농민이 주권자가 된다 라고 했지만, 실제로는 수령 1인만 주권자이고 나머지는 전부 종이 되는 거나 마찬가지입니다.

그러니까 민중민주주의나 진보적 민주주의나 인민민주주의나 뭘 해봐도 아까 말씀드린 것처럼 결국은 수령 1인 독재체제가 되고, 그런 식으로 해서 전교조가 가르치는 참교육이라는 것은 말로만 자기네들이 교육개혁을 지향한다고 하는 것일 뿐입니다. 표현은 안 하지만 참교육이라는 걸 통해서 민중이 주인이 되는 나라를 만드는 능력을 키워주는 교육, 곧 민중혁명 역량을 키워주는 교육이라고 말씀드렸죠. 이 위선적 참교육을 통해서 학생들을 동원해서 민중혁명을 일으키려고 하였던 겁니다.

그러면 왜 전교조를 만들었느냐?

전교조라는 것을 만들게 된 이유도 1986년쯤에 전 대학가가 빨갛게 되었기 때문입니다.

대학생들이 완전히 의식화 되어서 공안기관에서는 이걸 어떻게 해야 되느냐? 하고 걱정들을 많이 하고 있었는데, 좌익들 세계에서는 또 자기네들 나름대로 불만이 있더라고요.

그게 무슨 불만이었냐 하면, 이렇게 대학생들을 전부 의식화를 시켜놨는데 왜 민중혁명이 성공이 안 되느냐. 자기네들끼리 거기에 대해서 심각한 토론을 벌였는데 결론이 뭐냐 하면 "4·19혁명 때를 봐라. 대학생들뿐만 아니라 초등학생 중·고등학생들까지 전부 뛰어나왔다." 였습니다.

그래서 혁명이 성공하려면 초등학생과 중·고등학생들을 거리로 끌어내야 된다. 어떻게 하면 초·중·고등학생들을 거리로 뛰쳐나가게 할 수 있느냐?

결론적으로 초·중·고등학생들을 의식화 교육을 시켜야 된다. 이런 결론에 도달했어요.

대학생들은 스스로 스터디 그룹 같은 걸 만들어서 이념교육이 전파가 되는데, 초등학생과 중·고등학생들은 그렇게 할 능력이 없으니까 선생님들이 노조를 만들어서, 즉 전교조라는 걸 만들어서 학생들을 조직적으로 의식화시킨다는 것입니다.

그래서 어차피 전교조라는 것이 민중혁명을 일으키고자 학생들을 의식화시키고자 만들어졌고, 또 참교육 내용도 바로 그렇게 민중혁명 역량을 키워주는 교육을 하자는 것 아닙니까?

과거에 전교조에서는 평가를 안 받으려고 했던 거 기억나십니까?

우리나라의 어떤 행정 조직이든지 다 평가를 받게 돼있습니다.

그런데 전교조는 막무가내로 평가를 안 받겠다 하고, 그래서 한참 싸웠습니다.

그 당시에 전교조 대변인이라는 사람이 자기가 생각을 해봐도 전교조만 평가를 안 받겠다고 하는 것이 너무 억지 같으니까, 언론에 나가서 인터뷰를 할 때 "전교조도 평가를 받는 것을 긍정적으로 검토를 해보겠다."고 밝혔습니다.

그런데 저 같이 전교조를 직접 연구한 사람이 들으면은 그건 아주 말이 안 되는 얘기거든요.

아니, 전교조 선생님들이 평가를 받으려면 학업 성적을 높이는 것으로 평가를 받겠다는 겁니까? 민중혁명 역량을 얼마나 키워준 걸로 평가를 받겠다는 겁니까?

따라서 민중혁명 역량을 키우는 것을 목적으로 하는 사람들한테 학생들의 학업 능력을 얼마나 키워줬느냐로 평가를 받겠다고 한다면, 그건 말이 안 되는 얘기죠. 그래서 저는 "저 대변인이 미쳤나" 그랬더니 그다음 날 바로 잘리더라고요.

자세히 보니까 전교조 중에서도 핵심 교사 약 2천 명 정도가 이적 이념으로 주동을 하고, 나머지는 그냥 노동조합에 신분 위탁을 하고 그렇게 하는 거죠.

그런데 문제는 그런 사람들이 더 위험한 게, 우리 공안당국이 전교조를 이적단체로 파악하고 전교조원들을 이적 이념을 가진 사람들이라고 얘기를 하면, 멋도 모르고 전교조에 들어간 사람들이 대개 "아니다. 나는 전혀 그런 이적 이념을 갖고 있지 않다."고 대신 해명을 해줍니다.

그러니까 자기는 아무것도 모르고 공산주의자들한테 심부름만 하였지, 전교조가 이적단체가 아니라고 주장을 하니까 사실은 사법 처리를 하는데 더 문제가 되는 거죠. 그래서 이적 이념도 없으면서 전교조에 가입한 사람들이 더 문제라는 것입니다.

다시 결론적으로 말씀을 드리면, 아까 우리 교수님이 말씀하신 것처럼 전교조가 그동안에 우리나라 학생들에게 좌편향 이념교육을 시키고, 참교육이라는 이름으로 사실상은 공산주의 이념교육을 시켜왔다는 것을 기정사실화한다면, 저 진지를 어떻게 깨야 되느냐에 대해서 말씀드리겠습니다.

원래 자유민주주의 이념으로 뭉쳐져 있는 집단에서 그 자체가 학생들의 문화적 헤게모니였었는데, 이제는 전교조 선생님들에 의해서 수년에 걸쳐 참교육 이념으로 문화적 헤게모니가 바뀌어버렸습니다.

그래서 바뀌어버린 문화적 헤게모니가, 즉 공산주의 사회를 만드는 능력을 키워주는 교육을 참교육이라고 그러는 겁니다. 사실상 저게 말로는 참교육으로 그럴듯하지만 실제로는 공산주의 이념 교육이예요.

그렇기 때문에 그 점을 학생들과 이미 그런 교육을 받은 기성세대들한테도 바로 가르쳐줘야 교육계의 참교육 진지를 깨뜨릴 수가 있습니다.

비슷한 얘기를 하자면, 그동안에 국사 교육에 대해서 많은 문제가 있어 왔는데, 젊은 사람들이 우리나라 국사를 배우면서 대한민국은 친일파들이 세운 국가다, 이승만과 박정희나 다 친일파다, 하는 뭐 이런 식으로 했습니다.

왜 그런 교육을 시켰겠습니까.

우리 한반도에서 대한민국에는 정통성이 없고 북한에 정통성이 있다고 주장을 하려고 그런 교육을 시키는 겁니다.

우리나라에서는 지금 건국일이 없어졌지 않습니까.

원래 8·15 광복절이라는 것은 독립기념일과 함께 건국일이라는 뜻으로 첫해, 둘째 해까지는 건국기념일이라는 걸로 기념이 됐었어요. 그런데 어느 신문에서 잘못 보도가 되는 바람에 갑자기 1950년부터 세 번째 광복절이 되는 바람에 계속 여태까지 뒤틀려서 왔어요.

2018년에 건국 70주년 기념을 하려고 하니까, 문재인 정부에서 "우리나라가 1948년 건국된 게 아니다."라며 다른 소리를 냈습니다.

1919년 4월 11일인가요, "임시정부 수립일이 우리나라 건국일이다."라고 하여 파장을 일으켰어요.

그리고는 2019년에 건국 100주년 행사를 성대하게 할 테니까, 2018년에는 광복 70주년 행사를 하지 못하고 넘어갔지 않습니까.

그다음에 문재인 정부에서 2019년 4월에 건국 100주년을 남북이 함께 하자고 했는데, 어떻게 됐습니까?

북한에서는 3·1운동도 인정 안 하고, 상해 임시정부도 인정 안 하는 거 아시죠.

그러니까 1948년 8월 15일 건국일도 없어지고, 1919년 4월 11일 임시정부 수립일도 없어져서 결국 우리나라는 건국일이 없는 상태가 돼버렸어요.

하여튼 지금 왜 이런 장난질을 하느냐?

문재인과 좌익 세력들이 하는 일은 하나같이 대한민국은 정통성이 있는 정부가 아니다라는 것입니다.

북한이 정통성이 있는 정부라는 걸 지금 주장하려는 건데, 대한민국을 적화통일하기 위해서 저 사람들이 그런 주장을 한다는 점을 우리가 젊은 학생들한테 가르쳐줘야만 북한 추종의 좌익들이 그동안 쌓아놓은 진지를 돌파할 수도 있다는 말씀을 드립니다.

이것뿐만이 아니고 어느 분야를 봐도 다 좌익들이 그런 거짓말로 헤게모니를 잡아서 진지를 장악하고 있는데, 이런 식으로 좌익들이 실제로 추구하는 목적이 뭔지를 확실히 일러주어서 그것이 결국은 북한식 공산주의로 가자는 주장이라는 걸 깨우쳐 주어야 합니다.

이런 것들을 낱낱이 알려줘야 지금 대한민국에 깔아놓은 저들의 진지들을 돌파해 나갈 수 있다고 생각을 합니다.

질문   문재인의 이런 범죄에 대해서, 대한민국에 대한 부정적 행태에 관해 고소 사유가 안 되나요?

답변   얼마전 저희 자유민주당에서 한 번 광고를 낸 적이 있습니다. 대통령이 되면 대한민국 체제를 마음대로 바꿔도 되느냐, 그건 아니거든요. 대한민국 체제를 바꾸려고 하면 그건 반역죄거든요.

네, 그건 내란죄이고 국가보안법상 반국가단체구성죄에 해당됩니다.

그래서 사실은 처벌을 해야 됩니다.

어쨌든 그렇게 전체를 포괄해서 고발한 데는 없어도, 많은 단체들이 9.19 군사합의라든지 이런 걸 가지고 문재인을 많이 고발해놓고 있는 것으로 알고 있습니다.

그런데 아무리 고발만 하면 뭐합니까, 수사를 안 하는데.

도대체 사안의 심각성을 인식하고 있는 검사라든지 수사관이 없어요. 사실상 몇십 년 동안 공안을 완전히 방치해놔서 지금 공안검사조차도 그것을 아는 사람이 거의 없어 참 심각한 문제입니다.

질문   전교조를 반대하는 조합이나 단체를 왜 학교들은 못 만들었나요?

답변 교조를 반대하는 단체들이 몇 개 있긴 있습니다.

자유노조인가 그런 게 있고 사실상 교총이 전교조에 맞서는 역할을 해야 하는데, 워낙 저 사람들이 극악스럽기 때문에 다들 전교조의 기에 눌러서 활동을 제대로 못해요. 그렇지만 전교조에 맞서겠다고 하는 단체들은 여러 개가 있습니다.

그래서 여러 단체들이 일단은 분진합격(分進合擊)을 하자, 이렇게 돼 있습니다.

우리 우파 정당들의 통합 방법도 지금 논의를 하고 있습니다.

질문 국가보안법은 살아 있는 건가요?

답변 국가보안법이 아직 폐지는 안 됐는데, 헌법재판소에서 국가보안법 2조, 7조에 대해서 합헌인지의 여부가 지금 재판 중입니다. (* 후에 합헌 결정이 되었음)

요새가 굉장히 중요한 때이고, 국가보안법을 지키느라고 애를 많이 써야 되는 시기인데요.

그것보다도 지난번에 문재인 정권의 행태를 보셨지 않습니까. '검수완박'하는 거 보셨죠.

자기네들 수사 못하게 막느라고 법을 없애든지, 법을 안 없애면 수사 기관을 없애버리든지, 지금 국가정보원에서 대공수사권을 아직은 안 뺏었지만 2024년 1월부터는 수사권이 없어지지 않습니까. 그리고 옛날 기무사도 없애버렸죠.

지금 경찰 보안국에 대해서는 유동열 연구관이 더 자세하게 말씀드릴 수 있겠지만, 지금 엄청난 짐을 지워주고도 인원은 더 줄이고 기구도 축소하고 그래서 사실상 수사를 할 수 없게 만들어 놓고 있습니다.

질문   전남 강진군 도암면에 가면 문익환 목사가 하던 대안학교가 있는데 거기에는 아이들이 입학할 때와 졸업할 때 평양에서 온 축사를 읽어주고 있습니다.
경기도 양주군에 있는 덕현고등학교에는 학교 교실마다 김일성(북한 인공기) 사진이 다 붙어 있다고 하는데, 대한민국 검찰이 살아 있고 대한민국의 국가보안법이 살아 있다고 하면 그걸 엄정히 다스려야 될 거 아니냐 해서 제가 질문드린 겁니다.

답변   지금 검찰은 경제범죄와 공무원 범죄 빼놓고는 수사를 못하게 돼 있지 않습니까? 지금 (문익환의) 늦봄학교 이런 데서 아무리 좌익이념을 가르쳐도 검찰은 그것에 대해 수사권이 없습니다.

8강

과연, 누가 공산주의자인가

오늘은 좀 지루하고 딱딱하겠지만 공산주의에 대한 얘기를 더 해 드리겠습니다.

제가 문재인을 공산주의자라고 그러니까, 무슨 근거로 문재인을 공산주의자라고 그러느냐 하길래, 제가 답변하기를 "국가보안법 폐지, 주한미군 철수, 연방제 통일 주장 등 이런 식으로 북한의 대남 전략전술에 동조하는 그런 발언을 했다. 그 외에 북한의 주의, 주장을 추종한 사례 등을 들어 문재인이 공산주의자이다"라는 근거를 30가지 이상 제시했습니다.

그런데 여기에 대해서 반론이 나왔는데 좌파 측에서 반론이 나온 것은 이따가 말씀드리기로 하고, 우선 우파 측 내부에서, "아니 북한이 무슨 공산주의 국가냐?" "북한의 주의 주장을 따르는 것이 무슨 공산주의자냐"라는 이견이 있었습니다.

그런데 이분들이 생각하는 "공산주의는 굉장히 좋은 제도라고 생각을 하고, 북한은 아주 형편 없으니까 북한이 공산주의 국가일 리가 없다"라는 얘기죠.

우리가 지금 남북이 이념이 달라서 북한하고 다투고 있는데 북한이 공산주의가 아니라면 우리가 누구하고 지금 맞서 싸우고 있는 겁니까?

하여튼 공산주의는 좋은 제도인데 북한이 제대로 못하고 있으니까 공산주의일 리가 없다 라는 얘기는 아주 잘못된 생각입니다.

옛날에는 저도 그렇게 생각했었습니다만, 공산주의가 이론은 좋은데 현실이 그에 미치지 못하는 것이라고 많은 사람들이 생각하고 있습니다.

그런데 명지대 윤원구 교수님이 공산주의 이론은 선전이론과 실천이론, 즉 이중 구조로 돼 있다는 것을 밝히고 난 다음에는 그런 말이 없어졌죠.

공산주의가 이론은 좋은데 현실이 그게 미치지 못하는 게 아니라, 공산주의는 실천이론 그 자체가 수령 1인 독재 체제로 가게 돼 있는 것입니다.

한편 문재인이 제 말에 대해서 뭐라고 변명을 했냐 하면, 자기는 폭력 혁명을 주장하거나, 사유재산 제도 철폐를 주장한 적이 없다고 얘기를 했습니다. 그러나 폭력 혁명을 주장하는 것이 공산주의자들의 필수적인 요소는 아닙니다.

왜냐하면 요새 잘 아시다시피, 이탈리아 공산주의자 안토니오 그람시 같은 경우는 진지전을 주장을 하며 폭력 혁명을 완전히 빼버렸지 않습니까. 공산주의자가 무조건 폭력 혁명을 주장하는 것이 아니라는 겁니다.

그리고 "사유재산 제도 철폐를 주장한 적이 없다"는 변명에 대해서는, 아니 사유재산 제도 철폐를 주장하면 바로 공산주의자라고 찍힐 텐데 그런 말을 하겠습니까. 오늘 양동안 교수님이 안 나오셨지만, 양동안 교수님이 「공산주의가 허용되지 않는 사회에서 공산주의자를 판별하는 방법 11가지(173쪽 도표 참조)」를 제시 했습니다.

이에 의하면 문재인은 모든 문항에서 공산주의자에 해당한다고 판별되었습니다.

그건 그렇게 판단을 해야지, 문재인이가 사유재산 철폐를 주장한 적이 없으니까 나는 공산주의자가 아니다 라고 얘기하는 것은 너무 뻔뻔스러운 거죠.

어쨌든 그렇게 해서 검찰에서는 공산주의자를 뭐라고 규정을 했느냐 하면, 종전과 같이 마르크스·레닌주의 한 가지로 판정하는 것이 아니라, "사유재산제도 철폐를 주장하거나 아니면 북한의 체제 또는 주의·주장을 지지하거나 추종하는 사람"을 공산주의자로 정의를 했습니다.

그러니까 마르크스·레닌 주의에 따라서 사유재산제도 철폐를 주장하는 사람은 물론 공산주의자이지만, 우리나라 같은 경우에는 북한의 체제나 북한의 주의·주장을 지지 추종하는 사람도 모두 공산주의자로 볼 수 있습니다.

다시 한번 강조하지만 공산주의자에 대해서 우리나라에서는 꼭 사유재산제도 철폐를 주장해야만 공산주의자가 되는 게 아니라, 북한의 주의·주장을 추종하면 바로 공산주의자로 인정할 수 있다는 것이 검찰의 입장입니다.

감사합니다.

9강

MBC의 조작방송과 그 대책

MBC가 공영방송이냐? 에 대해 논란이 있습니다.

MBC는 주식회사입니다. 독립채산제로 순전히 수익을 내가지고 그 것으로 운영을 하기 때문에 공영이라고 할 수가 없는데, 왜 그럼 공영 방송이라고 하느냐?

MBC를 공영방송이라고 보는 데에는 유래가 있습니다.

1960년대부터 한국의 민간 방송이 한 개, 두 개 이렇게 있었는데 그 민간 방송 지분을 재벌들이 10%, 5%씩 가지고 있었어요.

그런데 1980년대에 전두환 대통령이 들어서서 언론 통폐합 조치를 했습니다.

기존에 재벌들 중 7개인가 8개 기업이 가지고 있던 것을 전부 몰수 를 해서 처음에는 KBS에다 모든 주식을 줬었어요.

기왕에 30%는 정수장학회가 가지고 있던 것이고, 나머지 70%를 KBS가 가지고 있으니 같은 방송인데 KBS가 MBC의 대주주가 된다고 하니까 너무 모양이 안 좋고 어색했어요.

그래서 1988년에 방송문화진흥회라는 단체를 만든 다음, KBS가 갖고 있던 재벌들 주식을 새로 만든 방송문화진흥회에다가 주었던 것이지요.

방송문화진흥회의 이사가 9명으로 여당에서 6명 야당에서 3명씩 이사를 추천해서 경영을 하니까, 사실은 정수장학회가 30%를 가지고 있는 주주지만 어차피 주식회사라는 게 다수결에 의하기 때문에 사실상 방송문화진흥회가 경영을 책임지고 있었던 거죠.

그러니까 정부가 투자를 안 했어도 이렇게 정리를 해서 방송문화진흥회에다가 주식을 줬기 때문에, 완전히 개인 기업인 SBS와 같은 그런 방송사와는 다릅니다.

그런 점에서 약간은 공영이라고 볼 수 있는 면이 있고, 또 다른 어떤 면으로는 MBC의 광고는 KOBAKO(코바코, 방송광고진흥공사)에서 일률적으로 받아가지고 KBS와 MBC에다가 배분을 합니다.

그러니까 MBC에 무슨 광고를 하고 싶으면 MBC하고 직접 계약을 해서 광고를 주는 게 아니고, 코바코에다가 광고를 줘서 코바코에서 그걸 다시 MBC와 KBS에다 배정을 하기 때문에 직접적으로 정부 지원을 받는 건 없어도 어느 정도 공영 방송에 연관이 있다고 볼 수 있죠.

아까 또 한 가지 나온 질문이 뭐가 있냐 하면은 MBC가 완전히 노영방송화된 거를 어떻게 하면 정상화시킬 수 있느냐 하는 문제인데, 그것은 아까도 우리 오 본부장님께서 다 말씀을 해주신 바와 같이 지금 MBC와 KBS가 사실상 노조가 장악을 하고 있기 때문에 "우파 정부가 방송을 장악한다"라는 말하고 "좌파 정부가 방송을 장악한다"라는 말은 그 의미가 전혀 다릅니다.

지금 국회에서 앞으로 우파 정부는 아예 방송 경영을 못하도록 법을 만들려고 한다고 아까 오정환 본부장께서 말씀하셨죠.

그런데 그렇게 되기 전에, 여당이 방송문화진흥회를 장악할 수 있는 그런 힘을 가지고 있어도, 그때의 '방송을 장악한다'라는 얘기는 MBC 방송사가 너무 좌파의 편파적인 방송을 하지 못하도록 경영진이 조금씩 견제하는데, 그것이 기자 비위를 거슬렀다는 이 정도가 방송을 장악한다고 하는 얘기이고, 이렇게 지금 좌파 정부에서는 언론 노조하고 정부가 완전히 한 몸이 돼가지고 자기네들 마음대로 좌파 선전 선동을 하는 겁니다.

그러니까 이게 전혀 다른데, 이를테면 완전히 편파적인 그런 왜곡 조작 방송을 못하게 하려고 하는 그 조그마한 간섭이나 견제 정도의 우파 정부의 노력까지도 못마땅해서 문재인은 정권을 잡자마자 바로 방송 완전 장악에 들어갔잖아요.

그런데 방송을 장악하려고 했던 그 내용이 민주당 내에서 「언론 장악 문건」이라고 해서 방송 보도된 것 보셨습니까? 민주당 내에서 방송 언론 장악 문건을 만들었단 말씀입니다.

순서대로 딱 하도록 만들었는데 거기에 의하면, 청와대가 직접 나서서 언론을 장악하려고 한다면 시끄러우니까 이거는 '노조에서 먼저 나서라' '노조가 주도적으로 MBC를 장악해라' 'MBC·KBS를 장악해라'그렇게 해가지고 아까 여러 가지 영상을 보여주신 것 같이 노조가 개입하여 우선 경영진을 바꾸면, 그 인사권이 MBC는 방송문화진흥회에 있고, KBS는 KBS 이사회로 돼 있어요.

그런데 MBC의 경우 방송문화진흥회 구성이 6대 3으로 돼 있다고 그랬잖아요. 그러니까 자기네들이 다수가 되려고 하려면 종전 여당 못 여섯 자리 중에서 두 명의 이사를 가로채 와야 됩니다. 그러니까 두 사람을 쫓아내려고 할 때, 제일 약한 고리가 뭐예요?

이사 중에서 제일 약한 고리가 바로 교수 출신입니다.

우리 같은 사람은 절대로 협박에 안 넘어가니까 나중에 해임 처분을 해서 지금 행정소송을 하고 있는데, KBS는 강규형 교수가 끝까지 버티다가 결국은 강제로 해임을 당했지요. 지금 재판에서 뒤집어졌잖아요.

우리 방송문화진흥회 같은 데는 이화여대의 유의선 교수님하고 또 전에 대학 총장하시던 김원배 총장님이 있었어요.

이들 교수 출신 2명을 괴롭히는 방법이 아주 치졸해요. 이화여대 같으면 제자들을 찾아다니면서 어용 교수라는 음해성 비방을 하여 제자들이 교수를 공격하게 만들고, 김원배 총장님 한테는 교회까지 찾아가서 행패 부리지를 않나, 집 주변에다 전부 포스터 붙여가지고 무슨 현상범 검거하는 것처럼 야비한 짓들을 했어요.

그렇게 괴롭혀서 마음 약한 교수님들 출신을 견딜 수가 없게 만들어 두 사람을 자진 사퇴하게 하고는 공석이 된 자리를 문재인 정부 측에서 임명을 합니다. 그래서 인적 구성을 4대 5로 만든 다음에, 우선 이사장을 불신임을 해서 저는 이사장직에서 물러나 평이사로 내려갔어요. 그리고 제가 그 이사 하는 것도 못 마땅해가지고 방송통신위원회에서 어거지로 해임을 해서 방송문화진흥회를 완전 장악했습니다.

방송문화진흥회가 MBC의 인사권을 가지고 있으니까 MBC 사장과 이사들을 다 바꿨고, 그때 우리 오정환 본부장님도 그래서 쫓겨나게 된 거죠.

사실은 저희 방송문화진흥회 이사들이 훨씬 단합이 잘 돼서, 저의 생각에 KBS는 진짜 공영방송이니까 거기는 빨리 무너질지 몰라도 우리는 방문진 이사 임기 끝날 때까지는 기존의 경영진을 보호할 수 있을 거라고 생각을 했는데, 대단히 죄송하게도 저희 이사들 중에 교수 출신 두 분이 견디지 못하고 사표를 내는 바람에 저희가 먼저 무너졌어요.

KBS는 강규형 이사가 끝까지 버티는 바람에 조금 더 오래 갔습니다만, 어차피 다 무너지긴 무너졌지요.

문재인 정권이 이렇게 언론 노조라는 막강한 힘을 가지고 있으면서도 그것을 인위적으로 바꾸기가 아주 힘들었는데, 지금 우파 정부에서는 저런 상태의 언론을 정상화하려고 하려면 진짜로 방법이 거의 없습니다.

종전에 민주당 측이 한 걸로 보면, 그냥 우격다짐으로 잘라놓고 온갖 이유를 붙였기 때문에 저 같은 경우는 제가 방문진 이사회를 진행하면서 말한 발언 하나하나가 전부 민주당 기준에서 보면 다 안 맞는 거죠.

그러니까 방문진 이사회를 진행하면서 제가 한 발언을 전부 문제 삼아서 이렇게 잘못했으니까 해임해야 된다며 당치 않은 구실을 대가지고 방송통신위원회에서 무작정 해임했어요.

제가 제기한 행정소송이 아직도 진행 중이거든요. 지금같이 그렇게 하면 5년은 지나가게 돼 있어요. (*2023년 해임무효판결 확정남)

만약 현 정부가 방송을 장악하려고 한다면 그런 식으로 하는 수밖에 없어요.

지금 제3노조가 열심히 투쟁해서 이렇게 문제를 제기해 주고, 그리고 정부에서는 그걸 각종 계기로 잘라주고 해야 되는데, 우파 정부는 그렇게 못하지요.

종전에 문재인이가 들어와서 방문진 이사진을 잘라낼 때는 노조가 그렇게 행패를 부리면 경찰이 막아줘야 될 거 아닙니까. 경찰이 안 막아줘요.

그러니까 완전히 너희들이 알아서 해라. 그래서 이사들은 법의 보호를 받지 못한 채 완전히 혼자 들판에 내던져지는 신세가 될 수밖에 없었어요.

따라서 당사자들은 공포에 휩싸이게 된 거죠. 내가 무슨 일을 당해도 경찰이 안 도와주고, 검찰도 안 도와주고, 노동부는 되려 경영진의 흠만 찾으려 하고, 전 기관이 더군다나 정당에서는 물론이고 청와대도 그렇지. 그러니까 완전히 그냥 시베리아 한복판에 발가벗겨 내던져진 것 같은 상태가 되니까 마냥 두려움에 떨게 될 뿐이었죠.

가족들한테 혹시 무슨 피해가 갈지도 모르고 그러니까 결국은 그만 두게 되었는데, 지금 제3노조 실력으로는 아직 그게 안 되거든요

이제 할 수 있는 방법이라는 것이 제3노조 같은 데서 해당 인사의 행적이라든지, 판공비 하나라도 허투루 쓰지 않았는지, 과거에 뭐 하나라도 편파적인 방송을 했다든지, 이런 것들을 문제로 제기해 주어야 돼요. 그럼 바로 그것을 근거로 삼아 방송통신위에서 잘라야 되는데 방송통신위원장이 누굽니까? 지금 한상혁이잖아요(강의 당시). 그러니까 마음 먹고 하려면 먼저 방송통신위원장부터 잘라놓아야 하는데, 지금 형편은 문재인이가 언론 장악하던 때보다 훨씬 어려운 환경이 돼 있습니다.

왜 그러냐 하면 지금 정부에서는 종전에 김기춘 실장님 같은 분들을 블랙리스트니 화이트리스트니 해서 구속을 하고, 전부 올바른 일을 했음에도 인민민주주의적인 사고로 가지고 볼 때 이것은 잘못한 거다 하며 그걸 전부 직권남용으로 다 구속하고 그랬어요.

그때 검찰이 그런 일에 권한을 사용했기 때문에 검찰이나 경찰이 나중에 우리도 직권남용으로 처벌되는 일은 없어야 되겠다 해서, 지금은 이제 적법한 권한 행사를 하는 길만 찾으려고 하니까 방법이 없는 거죠.

네, 민영화를 하자는 일각의 주장도 있는데, 물론 야당은 절대 그것도 못 해주겠다고 나오는 거 아니겠습니까.

또 민영화하려고 그러면 우선 방송문화진흥회가 결정을 해야 되잖습니까?

방송문화진흥회가 지금 민주당 일색으로 돼 있잖아요.

그러니까 지금 민영화는 꿈도 못 꾸는 거죠.

그럼 우선 방송통신위원장부터 갈아야 되고 그리고 방송문화진흥회 멤버를 바꿔야 되고, 그래야 무슨 민영화든지 말을 꺼내 보는데 사실은 지금 방문진을 장악하고 있어도 민영화가 어려워요.

또 노조가 "아니 내 자산을 누가 뺏어가" 이러고 있잖아요.

이렇게 방문진을 장악하고 있어도 정상화가 어려운데, 지금은 방문진이 그대로 있고 방송통신위원회도 그대로 있지, 이게 뭐가 되겠습니까 지금.

질문　정치권에서 이번 외유 때 대통령의 말 실수를 트집 잡아서 큰 왜곡 방송을 했는데, 정치권에서 이제 방송을 바로잡기 위한 노력이 있어야 되는 거 아니겠습니까.

답변 제 생각 같아서는 저희가 지난번에 광고를 했지 않습니까, 이건 내란예비 음모다. 내란 반역의 예비 음모다 라고 저희가 그렇게 문제 제기를 해주면 내란 죄로 엮어서 그걸 조사를 해야 되는데, 지금 아무 것도 못하고 있고 또 안 하고 있잖아요.

저희가 내는 광고가 그냥 과장했다고 생각을 하는 것 같아요. 저희는 과장한 것이 아니라 정확한 법 적용을 하면은, 나라를 뒤집어 엎어 폭동으로 가려 하고 탄핵까지 가려고 했던 거 아닙니까. 그러니까 내란의 예비 음모가 맞거든요.

그런데 지금 아무도 건드릴 생각을 안 하고 있으니까 답답하죠.

질문 지금 상황에서 가장 베스트 솔루션으로 어떤 것이 있을까요.

답변 솔루션은 제가 말씀드린 대로 저희가 정당에서 고소하기가 어려우니까 어느 시민사회단체에서 내란 예비 음모로 고발장을 내주고, 그러면 검찰에서 그걸로 해서 일단 기소를 해 재판에서 무죄가 나든지 아니면 5년 후에 무죄가 나든지 해야 됩니다. 그렇게 가지 않으면 언론 정상화는 도저히 안 되는 거고 언론이 정상화되지 않으면 지지율은 30%대를 넘을 수가 없어요.

맨날 현 정부가 잘못한 것을 욕만 하고, 잘하는 건 하나도 방송을 안 하고 있잖아요.

제가 좌익 세력들, 공산주의자들의 사기 수법 5가지를 말씀드렸잖아요.

그 다섯 번째가 반복 선전이거든요. 그렇죠. 이 중요한 수단을 좌익들이 가지고 있으니까 이거는 방법이 없는 거죠.

같은 얘기가 되겠지만, 결국은 지난번 MBC의 그 사건, 그것은 편파 방송 차원에서 다룰 문제가 아니고 이런 것 자체가 범죄 행위를 저지른 거란 말이에요.

그렇지 않습니까. 그냥 조작해서 없는 것을 만드는 게 죄란 말입니다.

질문   윤석열 정권에 한동훈이가 있고 이원석이가 있고 다 있는데, 어떻게 이렇게 잠잠할 수 있어요.

답변   예 맞습니다. 조금 점잖게 처리를 하려고 그러는 모양입니다.
만일 윤석열이 그런 말을 했다고 거짓 방송을 했다면 허위 방송을 한 거잖아요.
그러니까 MBC가 공연히 허위사실을 적시해서 윤석열 대통령의 명예를 훼손한 것이다. 그랬으면 누군가 고소를 해줬을 거예요.
지금이라도 시민사회단체에서 고발을 해주면 좋지요. 그런데 지금 사람들이 뭘를 걱정하냐면 광우병 때는 거짓 방송을 해도 나중에 전부 무죄가 나지 않았느냐 하는데, 이번 것은 광우병 때하고 다릅니다.
광우병은 그냥 거짓 보도죠. 사람들은 가짜뉴스를 하게 되면 처벌된다고 생각을 하는데, 우리나라에서는 아무리 가짜뉴스를 보도해도 처벌되는 규정이 없어요.

가짜뉴스를 발표했을 때 처벌되는 것은 반국가단체 구성원이거나 이적단체 구성원일 때만 처벌하는 규정이 있고, 반국가단체나 이적단체 구성원이 아닌 그냥 언론은 아무리 가짜뉴스를 유포해도 그걸 처벌하는 규정이 없어요.

다만 문제는 남의 명예를 훼손했을 때만 처벌됩니다.

그래서 광우병 때는 누구의 명예를 훼손한 게 아니잖아요. 다만 국가에 손해를 끼친 거지.

그래서 광우병 때는 그게 처벌이 안 되었지만, 이 경우는 명백하게 윤석열 대통령의 명예를 훼손했기 때문에 이것은 처벌이 됩니다.

그러니까 이건 누가 고발만 해 줘서 그 이후 수사를 하면, 그 담당 라인은 사장까지는 어떻게 될지 몰라도 보도하게 된 결재 라인은 전부 다 유죄가 될 수 있죠. 그러면 거기까지는 다 처벌이 가능합니다.

그러면 그 책임을 물어서 사장까지 문책을 할 수도 있겠지요.

10강

북한방송 개방 문제

요새 뭐 하태경 의원이라든지, 태영호 의원 이런 사람들이 갑자기 북한방송을 개방하겠다고 지금 떠들고 있는데요.

그에 대해서 공안 전문가로서 제가 한 말씀을 좀 드리겠습니다.

북한방송을 개방하겠다는 건, 결국 우리나라에서 공산주의 이념의 선전 선동을 허용할 거냐 말 거냐 하는 문제입니다.

지금 북한방송 개방이라고 그러니까 그냥 뭐 방송 듣고 말고 하는 정도로 생각을 하는데, 그게 진짜로 논란이 되면 우리나라에서 공산주의 이념을 선전 선동할 수 있도록 할 것이냐 말 것이냐, 그 얘기로 연결되거든요.

그런데 "북한방송 개방하자" "우리나라에서 공산주의 이념 선전 선동할 자유를 인정하자"하는 데에는 대개 두 가지 근거가 있습니다.

하나는 "진정한 자유민주주의 국가라고 그러면은 공산주의 이념을 선전 선동할 자유도 인정해야 된다"라는 그런 주장이 있습니다.

또 한 가지 근거는, 마치 우리 국민들의 의식 수준을 굉장히 높이 평가하는 것처럼 해가지고, "우리 국민들의 의식 수준이 충분히 성숙돼 있기 때문에 이제 그런 공산주의 이념 선전 선동 같은 게 안 먹힌다." 그러니까 굳이 공산주의 이념의 선전 선동을 막을 이유가 없다. 그래서 북한 방송을 개방하자는 것입니다.

이런 두 가지 주장을 언뜻 들으면 다 그럴 듯 하죠.

진정한 자유민주주의 국가라고 한다면 공산주의 이념을 선전 선동할 자유도 인정해야 된다 라는 주장은 옛날에 독일의 바이마르 공화국 시대 때 바이마르 헌법에서나 통하는 얘깁니다.

1918년에 독일에서 민중혁명이 성공해서 1919년에 독일 민주공화국이 들어섰는데, 그때 그 헌법이 바이마르 지방에서 마련됐다고 해서 바이마르 헌법 또는 바이마르 공화국이라고 부릅니다. 바이마르 헌법은 진짜로 국민의 자유와 권리를 보장하는 데는 완벽한 법이었죠.

완벽한 헌법이기는 하나, 그 바람에 그 법을 이용해서 1933년에 나치가 합법적으로 선출되어 나치 정권이 들어서게 됩니다.

그 후 1945년 독일이 전쟁에서 패한 후에 서독에서는 나치 정권이 들어선 것에 대해서 크게 부끄럽게 생각을 하게 됐습니다.

그래서 서독 연방헌법재판소에서 '방어적 민주주의 원리'라는 것을 표명합니다. 그게 뭐냐 하면 아무리 "자유민주주의가 다양성을 존중한다 하더라도 자유민주주의 자체를 파괴하려는 자유민주주의 적에게까지 자유민주주의를 파괴할 자유를 인정해줄 수는 없다"라는 것입니다.

이것이 방어적 민주주의 이념인데, 그 이후로는 전 세계 자유민주주의 국가에서 이 방어적 민주주의 이념을 채택하고 있으며 우리나라도 마찬가지입니다.

그러므로 다양성을 존중하는 자유민주주의 국가이기 때문에 공산주의 이념을 선전 선동할 자유도 인정해야 된다 라는 것이 이제는 안 통하는 얘기입니다.

과거 박원순이가 우리나라가 자유민주주의 국가라면 광화문에서 김일성 만세를 외칠 수 있는 자유도 있어야 된다고 그랬었는데, 그건 무식하게 바이마르 타령같은 옛날얘기를 하고 있는 거죠.

그리고 두 번째로 "우리 국민들의 의식 수준이 충분히 향상돼서 이제는 공산주의 이념의 선전 선동에 안 넘어갈 거다"하는 얘기인데, 그런 말을 하는 사람들이 사실 진짜로 공산주의 첩자든지, 아니면은 이념에 대해서는 전혀 무식한 사람일 것입니다.

공산주의 이념이라는 건 제가 여러 번 말씀드린 것처럼 "사회적 약자를 이용해서 정권을 획득하려는 사기극"이고, 그 사기 수법은 대개 다섯 가지 수법을 씁니다.

이중 구조로 구성돼 있는 이론으로서 용어혼란 전술을 쓰고, 또 궤변 그리고 억지와 반복 선전, 이런 다섯 가지 사술을 교묘하게 섞어서 쓰면 거기에 속아 넘어가지 않을 사람이 없습니다.

그래서 학식이 높거나 아이큐가 높거나 상관없이 속아 넘어가게 돼 있습니다.

우리 김문수 지사님 같은 분도 한때 속아 넘어갔었지 않습니까.

따로 이념 교육을 받지 않으면 속아 넘어갈 수 밖에 없는 건데, 우리 국민들의 의식 수준이 충분히 높아가지고 그런 선전에 속아 넘어가지 않을 거라고 하는 것은, 그게 진짜로 근거 없는 자신감이든지 아니면 간첩이 하는 짓이라는 거지요.

만일 정말로 우리 국민들의 의식 수준이 그렇게 높아졌다면 우리 형법에서 사기죄를 먼저 없애야 됩니다.

우리나라에서는 간단한 사기 수법에도 얼마든지 잘들 속아 넘어가는데, 그렇게 쉽게 속아 넘어가는 사람들이 잘 짜여진 공산주의 이념의 선전 선동에 속아 넘어가지 않는다고 생각하는 것은 진짜로 그건 완전히 헛소리죠.

그래서 저로서는 태영호가 저게 진짜 귀순을 한 건지, 아니면 다른 밀명을 띠고 들어온 간첩인지, 또 하태경이가 전향을 했는지 안 했는지, 그건 뭐 알 수 없지만 어쨌든 간에 우리나라에서 일방적으로 북한 방송을 개방하는 것은 절대로 안된다 라는 말씀드리겠습니다.

이왕 시작을 했으니 끝을 내겠습니다.

과거 1993년에도 한번 북한방송 개방 문제가 심각하게 토론이 됐었습니다.

그 당시에 김영삼 대통령이 당선됐어요. 그래서 서울의 봄이다 뭐다 해가지고서는 이적 도서를 다 풀어줄 것처럼 하였고, 심지어는 그 당시 안기부에서도 북한방송을 개방하는 것에 동의를 했었습니다.

안기부에서 북한방송 개방 문제로 관계기관 대책회의를 하겠다는 연락이 왔고, 각 기관에서 좀 도와달라고 하여 대검을 대표해서 제가 나갔는데, 그 당시 검찰총장이 김기춘 청와대 비서실장이었어요.

총장님께서는 "고 검사가 무슨 일이 있어도 이건 막아야 된다."고

당부하셨어요. 그래서 제가 그날 회의에 갔는데, 그 당시 안기부 실장이랑 모두 북한방송을 개방하는 방향으로 끌고 가는 그런 분위기에서 제가 "그거 하려면 맘대로 하라, 그 대신에 우리 검찰은 개방하는 안기부 담당자들까지 전부 국가보안법 위반으로 입건 구속 처리하겠다"고 그랬더니 안기부에서 놀래서 포기를 했고, 그렇게 해서 북한방송을 개방하겠다는 말이 쑥 들어갔던 겁니다.

그러함에도 그 유래를 모르고 지금 또 북한방송 개방 문제가 나오고 있는데 하여튼 우리가 정신을 바짝 차려야 될 것 같습니다.

공산주의가 허용되지 않는 국가에서의
공산주의자의 11가지 특징

양동안 한국학중앙연구원 명예교수의 국내 처벌사례 종합분석. 2017.6.28. 법정증언

공산주의자 특징	문재인의 일치 행위
1 공산국가의 주장 정책에 동조	국가보안법폐지, 연방제 통일, 미북평화협정,국정원 해체 지지
2 공산주의자들 존경	간첩 신영복 존경, 모택동 찬양 리영희 영향 크게 받았다함
3 공산체제 동경·호감표시	부모친척들과의 행복이 국군 북진으로 깨졌다,월남 패망에 희열 느꼈다 자술
4 과거 공산주의자들의 활동 미화·찬양	김원봉 등 공산계영 항일운동가 찬양, 공산주의자들에 의한 부림사건을 비호변호
5 용공성향 단체 옹호	이적단체 한총련 합법화 주장, 좌파성향 전교조 옹호
6 용공세력과 지속 협조	위헌정당 통합진보당의 해산 반대, 부산통일연대 등 이적단체 구성원들과 협력
7 공산국가의 나쁜 행위를 찬양하거나 묵인	북한·중국의 인권탄압과 공산독재, 미사일 발사에 침묵 또는 찬양
8 반공에 부정적 태도	반공자유국가를 건설한 이승만 대통령 묘소 참배 거부, 국가보안법과 정보공안기관의 폐지 집요주장,
9 공산주의자들의 인식 수용	이라크 파병반대, 한미 FTA 재협상 주장
10 대한민국 암보조치에 반대	주적 개념 폐기,제주 해군기지 건설 반대, 한일군사정보교류협정 반대, 1948.8.15,대한민국 건국부정
11 민주주의자임을 자처하나 자유민주주의를 폄하	사회주의자들의용어인' 사람이 먼저인 세상' 안전하고 제적 양극화가 해소된 실질적 민주주의' 주창, (헌법에 명기된 '자유주의'에서 '자유' 삭제 개헌 시도)

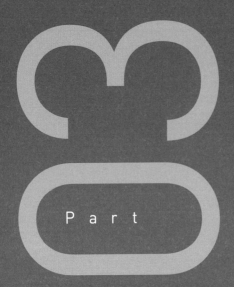

Part

자유와
연대

11강

아타투르크를 통해 본
이승만 대통령의 비애

안녕하세요.

뭐 넓지 않은 사무실이지만 그래도 이렇게 꽉꽉 채워주셔서 진심으로 감사드립니다.

오늘, 저는 강연이라기보다는 가벼운 여행담 같은 걸로 시작하도록 하겠습니다.

제가 한 10여 년 전에 터키 여행을 갔었는데 11월이었습니다.

그런데 가는 곳마다 각 가정집과 관공서에 조기(弔旗)가 걸려 있더라고요. 그래서 왜 조기가 걸려 있느냐고 물었더니, '건국의 아버지 아타투르크'를 기념해서 조기를 걸었다고 그러더라고요.

아타투르크가 돌아가신 해가 1938년이니까 벌써 한 70년 이상이 지났는데, 아직도 그렇게 국민들이 아타투르크를 추모해서 제가 좀 감명을 받았어요. 그래서 아타투르크가 어떤 사람인지 좀 알아봤습니다.

그랬더니 아타투르크는 여러분들이 고등학교 세계사 시간에 배운 케말 파샤란 인물이란 걸 알았어요.

케말 파샤, 다 기억이 나실 겁니다. 케말 파샤가 태어났을 때 원래 이름은 '무스타파'라고 합니다.

요새는 터키를 '튀르키예'로 부른다는 건 다 알고 계시죠. 영어식으로 터키라고 그러니까, 우리가 뭐 칠면조냐, 그래가지고 고유의 발음으로 원래 국명인 튀르키예로 바꿔서 사용하고 있답니다.

그런데 그 당시까지 만해도 튀르키예에는 성이 없었기 때문에 아타투르크가 태어난 1881년에는 그냥 무스타파라고 이름만 불렸답니다. 우리나라 식으로는 아명(兒名) 또는 본명(本名)이지요.

그래서 사람을 구별하는 방법으로 구두쟁이 무스타파, 양복쟁이 무스타파, 철물점 무스타파 등, 뭐 그런 식으로 직업을 따라 이름을 부르다가 사회적 신분의 상승에 따라 점점 칭호가 붙여져 나중에는 풀 네임이 '무스타파 케말 파샤 아타투르크'가 되었고, 그 후 통상 '케말 파샤'로 불렸답니다.

무스타파의 아버지는 군인이었는데 무스타파가 다섯 살 때쯤 해서 군인을 그만두고 세관원으로 봉사를 하다가 일찍 돌아가셨고, 그래서 무스타파는 학교를 좀 늦게 들어간 것 같아요.

어머니는 무스타파가 목사가 되기를 바랐지만, 그는 사관학교에 들어가 군인이 되었는데 무스타파가 10살 때쯤 해서 초등학교를 들어가 공부를 하면서 특히 수학을 아주 잘했던 모양입니다.

그래서 수학 선생님이 무스타파한테 진짜로 '완벽한 학생'이다 해 가지고 케말이라는 이름을 붙여줍니다. 케말은 완전하다 완벽하다 그런 뜻이랍니다.

이렇게 '무스타파 케말'이 됐다가 1914년에 제1차 세계 대전이 터지면서, 그동안에 무스타 케말은 사관학교 들어가 군인이 됐죠.

1914년에 1차 세계대전이 벌어지고, 그다음 해에 사단장으로서 갈리폴리 전투에 참전하여 영국과 프랑스의 연합군을 격퇴하고 공을 세워서 그때부터 '무스타파 케말 파샤'가 됐습니다. 파샤는 튀르키예 말로 '장군'이라는 뜻입니다.

그러니까 무스타파 케말이었다가 그다음부터 무스타파 케말 파샤가 된 거죠.

다음 해 1918년에 1차 대전이 끝나고, 1920년에 세브르 조약이 체결되면서 오스만 제국이 영토를 많이 빼앗기고 국토가 반 쯤 밖에 안 남았던 모양입니다.

그때 케말 파샤가 의병을 일으켜가지고 영국군·프랑스군·그리스군 등 이런 국가들을 다 쫓아내어 영토를 복원하고, 그때까지만 해도 술탄제도였던 오스만 제국을 1922년에 혁명을 일으켜서 1923년에는 튀르키예 공화국을 건국하고, 초대 대통령이 되었습니다..

그 이후 1924년에 의회에서 케말 파샤 대통령에게 '아타투르크'라는 영예로운 칭호를 증정을 했습니다. 아타투르크는 튀르키예 '건국의 아버지'라는 뜻이랍니다.

최고 영도자의 위상에 오른 무스타파 케말 파샤 아타투르크는 참으로 그의 조국 튀르키예를 위해서 엄청난 일을 했습니다.

정치제도를 술탄제도의 제정(帝政)에서 공화정(共和政)으로 바꾸고, 초대 대통령이 되면서 내정개혁을 단행했습니다. 전통적 이슬람 국가였던 튀르키예에서 국교를 없애고 모든 종교를 동등하게 대우해 주었고, 특히 차별받던 여성들에게 교육받을 기회를 주어 남녀평등을 실현하였습니다. 더 흥미로운 것은 모든 여성들에게 고등교육을 받도록 특혜를 준 점입니다.

남자는 초등학교 교육만 받고 그만둬도 되는데, 여자는 무조건 고등 교육을 다 받아야 됐어요. 그래서인지 실제로 보니까 식당에서 심부름 하는 사람들이 대개 남자들만 있고 여자들은 전부 사무실에서 일을 봅니다.

여자들을 차별하고 무시하는 다른 이슬람 국가에서는 정말 보기 힘든 얘기죠.

또한, 삐뚤빼뚤한 이슬람 글자를 가지고는 도저히 나라가 성공할 수 없다고 판단을 하여 알파벳을 사용토록 해서 일대 문자개혁을 단행하였습니다.

그리고 그것 말고도 엄청나게 많은 개혁을 했죠.

이렇게 과감한 개혁조치를 시행하는 데에는 기득권 세력의 반발도 역시 만만치 않았어요. 기존의 종교 지도자들과 고위 공직자들은 그들이 누리던 지위와 혜택이 일거에 무너지며 박탈당하면서 저항이 매우 심했기 때문에, 불만 세력들을 제압하기 위해 엄청난 독재를 하게 된 것입니다.

또 종족 문제로 쿠르드족이 반란을 일으키자, 공개 처형을 하는 등 무력으로 진압을 했습니다.

개혁을 비판하는 언론에 대해서도 철저한 검열과 언론사 폐쇄라는 강도 높은 탄압을 하고, 자유공화당이라는 정당이 인기를 얻게 되니까 아예 당을 해산시키는 강압적 조치로 반발하는 저항 세력에게 철퇴를 내리면서 물리쳤습니다.

뭐 하여튼 개혁을 달성하기 위해 1923년부터 1938년까지 대통령직에 있으면서 엄청난 독재를 통해 국가적 개혁과제를 달성해 나갔습니다. 그러나 개인적 생활에서는 케말 파샤 아타투르크가 술과 담배도 많이 하고 여자 관계도 굉장히 좀 난잡했던 모양입니다. 그래서 어쨌든 15년 간 철권 통치를 하고 그는 1938년에 사망했습니다.

케말 파샤 아타투르크는 이승만 대통령보다 6년 늦게 태어나서 파란만장한 과정을 거쳐 대통령이 되었고, 조국 튀르키예 공화국의 개혁과 번영을 위해 헌신함으로써 건국의 아버지로 지금까지도 추앙을 받고 있습니다.

그에 비하여 우리나라의 이승만 대통령은 어떤 대우를 받고 있습니까?

이승만 대통령을 독재자로 비난하며 욕하는 사람들이 있는데, 공적은 없고 과연 그럴 만큼 역사적 과오만 있었나요?

공7과3(功七過三)이란 말이 있습니다.

이런 평가조차 아쉬운 바가 있는데, 일부 불순세력들이 큰 공적은 일부러 외면한 채, 작은 정치적 실수를 집요하게 비난하면서 여론을 오도하는 현상이 안타깝습니다.

이승만 대통령이 반대 세력을 처형하는 등 폭압적 탄압을 했습니까?

종교를 탄압했습니까?

언론에 철퇴를 가하는 횡포를 부렸습니까?

케말 파샤 아타투르크는 개혁에 대한 반발을 누르기 위해서 엄청난 독재를 했는데도 튀르키예 국민들이 공적을 높이 평가하면서 추앙하는 모습에 제가 감탄하는 것에 비해, 우리나라에서는 이승만 대통령을 지금 어떻게 대우를 하고 있는지 생각해볼 필요가 있다고 생각합니다.

진짜로 튀르키예보다 훨씬 더 열악한 상황에서 일제 식민지로부터 해방시켜 건국을 하고, 또 갈리폴리전투보다도 더 치열한 6·26 전쟁을 겪으며 북괴군을 물리쳐서 대한민국을 완전하게 자유민주체제의 국가로 건설했습니다.

그 당시 자유민주주의를 구경도 못했던 국민들한테 자유민주체제의 국가를 선물하였고 시장경제체제를 도입하여 경제발전의 토대를 마련하였는데, 우리나라에서는 이승만 대통령을 독재자니 뭐니 해서 완전히 일방적으로 그냥 비난만 하고 있습니다.

개인적 행실로 봐서도 이승만 대통령은 완전히 모범적인 분이고, 케말 파샤는 그야말로 술 담배 많이 하고 여자 관계도 복잡한 인물입니다.

하여튼 튀르키예 국민들은 케말 파샤의 그 공을 높이 사가지고 아주 철저하게 존경을 합니다. 또 튀르키예에는 케말 파샤 아타투르크를 모독하면 처벌하는 형법 조항도 있어서 아타투르크에 대한 행적에 관해 비난을 하면 징역 1년 이상 3년 이하의 형벌을 받습니다.

법에만 그렇게 돼 있는 게 아니라 튀르키예에서는 아타투르크에 대해서 싫은 소리를 하면 '나쁜 놈'이라 하며 사람 취급을 안 한답니다.

그 아타투르크가 대통령이 돼서 그리스에 사는 튀르키예 사람들을 전부 튀르키예로 이주를 시키고, 튀르키예에 사는 그리스인들은 전부 그리스로 쫓아내 버리면서 튀르키예를 민족국가로 만들기 위해서 그런 엄청난 개혁을 강제적으로 하였습니다.

하여튼 그 반대 세력에 대해서는 가혹한 탄압을 했지만, 지금 튀르키예국민들이 그야말로 건국의 아버지다 해서 그렇게 열심히, 실제로 마음속 깊이 존경을 하는 걸 보고, 야! 진짜로 튀르키예는 감사할 줄 아는 국가이고 민족이구나 하고 생각했습니다.

반대로 참 우리나라 국민들은 진짜로 감사를 할 줄 모르는 민족이고 국가구나 하는 생각을 떨칠 수가 없어요. 그래서 이렇게 감사할 줄 모르는 국가가 얼마나 계속 하느님의 축복을 받을 수 있을 건지, 우리나라가 계속 발전할 수 있을 건지 걱정을 했었는데, 뭐 하느님도 의인이 열 명만 있으면 용서해 주겠다고 그랬지 않습니까.

가만히 생각해 보니까 우리나라에 의인이 한 열 명은 되겠더라고요. 그래서 아직 그 벌을, 소돔과 고모라처럼 벌을 받지 않고, 지금도 잘 살고 있다는 생각을 해봤습니다.

혹시 여기 관련해서 질문 있으십니까.

제가 튀르키예에 대해서 많이 아는 건 없지만 하여튼 제가 드리고 싶은 말씀은 우리 이승만 대통령은 케말 파샤 아타투르크보다도 훨씬 위대한 일을 했는데, 이렇게 존경을 받지도 못하고, 아주 함부로 한데 취급을 받는 것에 대해서 제가 너무 죄송하고 가슴이 아팠다는 말씀을 드립니다.

12강

제43주기 박정희 대통령 추도사

존경하는 박정희 대통령님!

대통령님께서 저희 곁을 떠나신 지 벌써 43년이 되었습니다. 그런데 세월이 지날수록 대통령님의 위업은 더욱 크게 부각되고 있습니다.

오늘날 우리 자유우파 애국 국민들은 현재 대한민국의 자유와 번영의 현황을 대통령님께 보여드리며 감사를 드리고 싶고, 엎드려 절하고 싶은 심정입니다.

대통령님께서는 세계 최빈국의 만성적 가난과 사회적 혼란 그리고 호시탐탐 적화를 노리는 북한의 위협이라는 삼중고 속에서 조국 근대화의 기치를 내걸고 안보태세 구축과 병행하여 세계 역사상 유례가 없는 최단기간의 발전이라는 이른바 한강의 기적을 이루어내어 우리나라를 세계 십대 경제 강국에 오르게 하신 그야말로 부국강병의 원훈(元勳)이십니다.

대통령님의 업적과 능력에 대해서 이 같은 평가가 전혀 과장이 아닌 것이 전 세계의 지도자들과 석학들이 칭송하고 존경함으로써 입증이 되고 있습니다.

한편 북한 공산정권과 그들의 사주를 받는 남한의 종북 주사파 세력들은 이렇게 자랑스러운 대한민국의 역사를 그대로 두고서는 대한민국의 공산화 즉 적화 통일이 어렵다고 보았습니다.

그래서 이들은 대한민국을 부끄러운 나라, 태어나지 말았어야 할 나라인 것처럼 역사를 조작하기로 하고, 그 방법 가운데 하나로 대한민국을 세우고 키운 위인들을 모조리 흠집내기 하고 있습니다.

그리하여 우선적인 공격 대상을 건국 대통령인 이승만 박사님과 부국강병의 지도자인 대통령님으로 정하고 그동안 무차별적인 공격과 조작을 해왔던 것입니다.

그 결과 오늘날의 젊은 세대들은 대통령님에 대하여 왜곡된 인식을 갖게 되었고 급기야 국가관과 애국심까지 상처를 입게 되었습니다.

나라를 지키려면 무기와 장비도 중요하지만, 그보다도 국가의 정통성에 대한 자부심 그리고 자기 나라를 지키려는 의지와 애국심이 더 중요합니다.

그렇기 때문에 우리 청년들에게 애국심을 키워주기 위해서는 우리 역사를 사실대로 알려서 자랑스러운 대한민국의 건국과 발전 과정에 대한 자부심을 갖도록 하는 것이 가장 중요합니다. 그래서 저희 자유민주당은 지난해 만 15세부터 만 40세까지 청년층을 대상으로 이승만 대통령의 건국 정신과 박정희 대통령의 부국강병 정신을 기리는 작품의 공모전을 실시하였습니다.

그리고 지난 8월 10일에는 위 공모전의 수상작들을 모아 「청년들이 발견한 이승만·박정희」 제하의 책자를 발간하고 대통령님의 유족에게 위 책자를 전해드린 바 있습니다.

참고로 최우수상을 받은 김무준 군의 수상 소감문의 일부를 소개해 올리겠습니다.

> "현재 우리는 독자 기술로 우주 발사체를 만들 수 있고 자체적으로 전투기를 제작할 수 있습니다. 방위산업 무기의 수출도 비약적으로 증가했습니다.
>
> 저는 이와 같이 대단한 성과들이 박정희 대통령님의 의지와 집념에 뿌리를 두고 있다고 판단하고 있습니다.
>
> 현재 우크라이나 사태만 봐도 시대를 뛰어넘는 박정희 대통령님의 안목을 다시 한번 확인할 수 있습니다.
>
> 남의 도움을 받지 않고 스스로 국가를 지켜낼 수 있는 역량이 있을 때 국가가 존립할 수 있다는 교훈을 다시 한번 느끼면서 이런 고찰의 기회가 있다는 것만으로도 큰 의미가 있다고 여기고 있습니다.
>
> 저는 대한민국의 미래 전략이 무엇인지 아직 사회 초년생이어서 잘 알지 못하는 게 사실입니다.
>
> 하지만 박정희 대통령님께서 남기신 족적을 따라 진지한 질문을 던지고, 여기서 답을 찾으려는 노력을 꾸준히 해나간다면, 우리가 가야 할 방향을 의외로 쉽게 찾을 수 있다고 생각합니다.
>
> 이것은 저희 같은 젊은 세대의 과제이기도 합니다."

얼마나 가상한 생각입니까.

시간 관계로 최우수상 수상자의 소감만 소개드렸습니다만, 여타 수상자들의 소감도 대동소이합니다.

우리 젊은 세대들이 이 정도로만 깨어날 수 있다면 대한민국의 미래는 무한히 밝아질 수 있다고 생각합니다.

그래서 내년에는 어린이들에게 읽힐 동화 부문을 포함하고, 상금을 5천5백만 원으로 증액하여 제2회 공모전을 실시할 것을 공표하였습니다.

분단 조국, 대한민국에서 살고 있는 저희들은 지금도 끊임없이 북한의 핵과 미사일 위협이란 위험한 상태에 놓여 있습니다.

그런데 이러한 무력에 의한 위험보다 더 큰 비대칭적 위험은 국내 종북 주사파 좌익세력들의 존재입니다.

일찍이 대통령님께서는 5·16 혁명을 일으키셨을 때 혁명 공약 제1조가 "반공을 국시의 제일의(第一義)로 삼고 지금까지 형식적이고 구호에만 그친 반공태세를 재정비 강화한다"는 것이었습니다.

이 공약은 전적으로 옳았습니다. 이 공약이야말로 북한의 위협 속에서 대한민국을 영원히 살릴 수 있는 비결이었음에도 못난 후배들이 그 의미를 소홀히 취급한 결과 오늘날과 같이 적화 위협을 실감하는 지경에까지 이르게 되었습니다.

정말로 대통령님께 면목이 없습니다. 그러나 이제는 저희 차례임을 알고 있습니다.

한미 동맹을 바탕으로 한 굳건한 안보로 자유와 번영의 대한민국을 더 강력하게 만들어야 할 책임과 과업이 저희에게 주어져 있음을 깨닫고 있습니다.

덧붙여, 그나마 다행인 것은 대통령님의 영애이신 박근혜 대통령님이 사면, 복권되어 자유의 몸이 되신 것입니다.

기만과 공갈로 이뤄진 탄핵으로 인하여 4년 9개월 동안 이루 말할 수 없는 고초를 겪으셨던 박근혜 대통령님께서 부디 강건하시고 명예를 회복하실 수 있게 되기를 간절히 바라고 있습니다.

43년 전 대통령님께서 떠나셨던 오늘, 저희는 이 자리에서 다시 한 번 더 부국강병의 의지를 다집니다.

"내 무덤에 침을 뱉으라"하셨던 말씀과 같은 각오로 저희도 위대한 대한민국 건설을 위해 몸과 마음을 다해 헌신할 것을 약속드립니다.

하늘에 계신 대통령님께서 성원해 주실 것을 기원하면서 간략하나마 추도사를 갈음합니다.

2022년 10월 26일
자유민주당 대표 고영주 올림

13강

자유와 연대 창립 축사

안녕하십니까 자유민주당 대표 고영주 변호사입니다.

먼저 오늘 '자유와 연대'의 창립총회 및 출범대회에 축사를 하게 된 것을 대단히 영광스럽게 생각한다는 말씀을 드리겠습니다.

먼저 이런 애국단체들의 연대와 통합은 우리 자유민주·애국 진영의 오래된 숙원이었습니다.

그동안에는 위 애국 단체들 간에 거의 목적은 같은데, 1% 사소한 차이 때문에 연대와 통합이 이뤄지지 못한 면이 있었습니다.

그런데 문재인 종북 좌파정권 동안에 집회를 하는 과정에서 사심 없고 참신한 애국자들이 애국 진영에 많이 합류가 됐고, 또 이번에 우리 송대성 고문님 같이 새로운 리더십과 팔로우십을 갖춘 지도자가 나타나서, 이렇게 큰 연대 기구가 만들어진 것에 대해서 진심으로 축하를 드리고 또 이런 어려운 일을 이루어낸 관계자 여러분들께 진심으로 존경과 감사를 드립니다.

앞으로 이 자유와 연대는 대한민국 자유민주체제 수호에 큰 힘이 될 거라고 믿어 의심치 않습니다.

아까 강우명 회장님께서도 말씀하셨지만, 우리나라는 문재인 좌파 정권 하에서 공산화로 진행을 하다가 그야말로 어렵게 윤석열 대통령이 당선돼서 일단 공산화 진행은 멈춰놨습니다. 그런데 아시다시피 민노총이라든지 전교조 기타 종북 좌익세력들이 끊임없이 국가 전복을 노리고 있습니다.

자유민주 체제를 수호해야 하는 세력으로는 윤석열 대통령을 중심으로 한 대통령실 그리고 검찰 정도가 이제 간신히 조직이 정비되었을 뿐이고, 언론·사법부·입법부와 그 밖에 행정부 내의 다른 조직들이 아직도 제대로 정상화가 되지 못하고 있습니다.

따라서 지금 현재로서는 반역 세력에 대적할 수 있는 능력이 많이 떨어져 있는 상태입니다.

이 정부에 부족한 여러 가지 능력들을 우리 애국단체들이 메워 줘야 되는 데, 이번에 '자유와 연대'가 큰 역할을 할 수 있게 돼서 정말 다행이라고 생각합니다.

그러면 이 자유와 연대라는 큰 조직이 결성이 됐는데, 앞으로 어떻게 투쟁을 하고 어떻게 활동을 했으면 좋겠는지에 대해서 제 의견을 간략하게 말씀을 드리겠습니다.

제일 첫 번째, 그동안에도 많이 나왔었지만 분진합격(分進合擊)을 해야 됩니다.

우리 각 연합단체들이 각자의 영역에서 활동을 하다가, 필요시에는 함께 모여서 함께 대적을 해야 된다는 것을 꼭 좀 말씀을 드리고 싶습니다.

두 번째, 우리 자유우파 애국세력들도 좌익들 못지 않게 통일전선 전술을 활용해야 합니다. 그동안에는 그야말로 자유민주체제를 지켜야 한다는 목적 아래 완전히 의견이 일치해야 하는데도 무슨 탄핵 관련이라든지, 또 부정선거 문제라든지, 트럼프가 좋으냐 나쁘냐 등 이런 사소한 문제들 가지고 의견이 갈려서 통합된 행동을 못했습니다.

그러므로 공동 목적을 위해서는 그런 사소한 것들을 접어두고 자유민주 체제의 수호를 위해서도, 국가를 지키기 위해서도 전부 합심 협력을 해야 한다는 취지입니다.

마지막으로 지금 잘 아시다시피 우리나라가 굉장히 좌경화가 진행이 많이 됐습니다. 그동안 우리나라 좌익 세력들은 이탈리아 공산주의자 그람시의 진지론을 받아들여서 열심히 활동을 해왔습니다.

진지론의 핵심이 별거 아닙니다. 프롤레타리아 혁명을 하려면 노동자들이 힘을 합쳐줘야 하는데 노동자들조차 자유민주 체제에 익숙해져 있다는 겁니다.

그래서 우리나라에서 혁명을 하려면 프롤레타리아 폭력 혁명이 안되고, 각 분야에서 이 사람들을 의식화를 먼저 시켜야 된다 라는 뜻입니다.

지금 언론이니 문화, 교육이니 할 것 없이 전부 좌익들이 각 진지를 장악을 하고 있는데, 그럼 저 진지를 어떻든 깨야 되지 않겠습니까?

저 진지를 깨는 방법은 어떻게 해야 되느냐?
그 사람들이 말은 그럴 듯하게 하고 있지만, 그 내용을 정확하게 살펴보면 결국은 공산주의 사회로 나가야 된다거나, 김일성·김정일·김정은 하의 적화통일로 가야 한다고 주장하는 그 두 가지 뿐입니다.

그것을 분명히 알려주면 되겠습니다. 공산주의 사회라는 것은 만인이 공평하게 잘 사는 사회가 아니고 수령 1인 독재체제로 가는 사회라는 것, 이것을 가르쳐 일깨워서 사람들한테 각 진지에서 좌익들이 점령하고 있는 진지를 우리가 찾아와야 됩니다.

그렇게 해서 5년 안에 이것을 탈환해 와야 우리가 다음에 정권 재창출을 이룰 수 있고, 그래야만 자유민주 체제를 지킬 수 있다는 것을 명심해서 협조를 해 주시기 바라고요.

하여튼 다시 한번 우리 '자유와 연대'의 창립총회와 출범대회를 축하드리고, 앞으로 우리나라 자유민주주의를 지키는 데 이 '자유와 연대'가 큰 역할을 할 것이라고 믿어 의심치 않습니다.

그리고 저희 자유민주당은 '자유와 연대'와 협력해서 모든 부문에서 함께 협력할 것을 약속드립니다.

감사합니다.

2022. 11. 16. 창립총회 및 출범식
한국프레스센터 19층 기자회견장

14강

핼러윈 사고 추모사
'누구의 책임인가'

먼저 이번 이태원 압사 사고로 유명을 달리하신 희생자분들의 명복을 빕니다.

그리고 유가족들에게도 심심한 위로의 말씀을 드립니다.

이번 사건은 그 개인이나 그 가족들에게 엄청나게 불행한 일이라 그걸 정말 추모하기도 바쁜데, 어떤 세력들은 개인과 가정의 불행을 국가의 불행으로 끌고 가려고 하는 불순한 의도들이 있습니다.

그래서 우리가 이 사태를 어떻게 봐야 할 것인지, 앞으로 우리가 무슨 일을 해야 될 것인지에 대해서 일단의 말씀을 드리도록 하겠습니다.

원래 이번 사고는 그냥 우연한 사고일 뿐입니다.

그래서 통상적으로 처리를 하려면 그 안에서 '밀어'라고 말한 사람이라든지, 이런 과실이 있는 사람을 찾아서 처벌을 하면 될 것인데 더불어민주당에서는 이 사고를 자꾸 정부의 책임으로 끌고 가려 하고 있습니다.

그런데 민주당에서는 이것을 정부의 책임이라면서 대통령의 사과를 요구하고 관련자들의 문책을 요구하고 있는데, 그러면 윤석열 대통령이 사과를 하면 저 사람들이 만족을 하고 가만히 있겠습니까? 그리고 관련자를 문책하라고 그러는데 용산경찰서장을 해임만 하면 저 사람들이 만족하고 가만히 있겠습니까? 서울경찰청장을 해임하고 그러면 저 사람들이 만족하고 가만히 있겠습니까?

경찰청장을 해임하고 그러면 저 사람들이 만족하고 가만히 있겠습니까? 행안부 장관을 경질하고 그러면 저 사람들이 만족하고 가만히 있을 것 같습니까? 국무총리를 경질하면 저 사람들이 만족하겠습니까? 저 사람들이 바라는 것은 종국에는 윤석열 대통령을 끌어내서 정권을 바꾸겠다는 겁니다.

그런데 종전에는 이런 사고 없었습니까. 문재인 정부 아래서도 이정도 이상의 불행한 사건이 최소한 10건 이상 있었습니다.

그걸 지금 일일이 거론할 시간은 없지만, 왜 좌파 정부하에서 일어난 사건에 대해서는 아무도 문제를 안 삼는데, 우파 정부에서 일어난 사건에 대해서만 이렇게 문제를 삼는 이유가 무엇이겠습니까. 그것은 우리 자유우파 애국 국민들은 법치주의를 존중하는데, 좌익 세력들은 완전히 법치주의를 무시하고 떼를 쓰고 있기 때문에 그렇습니다.

그러면 우리가 앞으로 이걸 어떻게 처리해야 되겠습니까? 이 사태를 조금 더 냉정하게 본다면 형법 이론으로 봐서 예견 가능성이 없을 때는 이것을 처벌할 수가 없습니다.

지금 누가 저 사고를 예견한 사람이 있었습니까. 작년에도 재작년에도 거의 비슷한 행사가 있었지만 아무 일도 없었습니다.

그런데 금년에만 그런 일이 있었을 거라고 누가 예견을 했겠습니까. 그래서 정부 관계자들은 아무도 예견을 못 했습니다. 그렇기 때문에 아무도 처벌할 수가 없는 겁니다.

그런데 굳이 이 사고의 책임을 꼭 외부에서 찾으려면 누구에게 책임을 물어야 되겠습니까. 제 생각으로는 이 사고가 날 것을 알고 있었던 사람들한테 책임을 물어야 되지 않겠습니까. 누가 알고 있었습니까?

MBC등 방송사들은 다 알고 있었다고 그럽니다.

이 사람들은 이번 사고를 예견된 사고라고 그럽니다.

자기네들은 다 알고 있었다는 거 아닙니까?

이런 사고가 날 것을 알고 있으면서 핼러윈 파티에 나가라고 여러 번 선전 선동을 해댔습니다. 그러면 이건 죽을 걸 알고 있으면서 사람들 모이라고 그런 거 아니겠습니까. 그래서 이 사고가 날 거를 알면서도 사람들을 끌어들인 MBC 등 방송사들한테 엄중한 책임을 물어야 됩니다.

그러면 이 MBC 등 방송사들한테 책임을 물으면 혹시 부당하다거나 또는 가혹하다고 생각되지 않겠습니까? 그렇지만 누구에겐가 반드시 책임을 물어야된다고 한다면 제일 책임이 큰 것은 MBC 등 방송사들일 것입니다. 이 사람들한테 책임을 묻는 것은 다른 누구에게 책임을 묻는 것보다도 훨씬 합당합니다.

그리고 우리가 정부에 책임이 없다고 변명만 할 것이 아니라, MBC 등, 더 적극적으로 핼러윈 파티에 사람들이 모이도록 선전한 방송사들의 처벌을 요구를 해야 합니다.

우리가 계속 정부 관계자들과 윤석열 대통령한테 책임이 없다고 변명만 하고 있으면, 저 사람들이 점점 더 기가 세져서 사고의 책임을 뒤집어씌울 속죄양을 찾아내려고 그럽니다.

그렇기 때문에 우리 자유우파 애국 국민들이 먼저 MBC 등 방송에 대해서 엄중한 처벌을 요구하는 행동에 나설 것을 부탁드립니다. 감사합니다.

2022년 10월 29일(토) 삼각지역 신자유연대 주최 추모식

15강

불법노동쟁의 단속에
노조반발이 없으려면?

제가 인후염에 걸려가지고 목소리가 조금 좋지 않습니다. 이해를 하고 좀 들어주시기 바랍니다.

노동 문제와 관련해 제 경험을 하나 말씀드리려고 그럽니다.

제가 울산지청 1부장으로 있을 때 담당 분야가 공안, 공해 이런 것들을 맡았습니다.

1991년쯤에 울산에서 현대자동차 불법 파업이 있었는데, 그때 울산지청에서 노조 간부들 한 이십여 명을 한꺼번에 구속을 했습니다.

사실은 다른 데서 노조원들을 그렇게 구속하면 난리가 나는데, 울산에서는 아무런 반발이 없었어요. 그런 일이 있은 뒤로 현대자동차가 한 삼사 년 정도 노조가 조직이 안 될 정도로 노사분규를 해결한 적이 있었습니다.

어떻게 해서 그렇게 반발 없이 해결이 됐는지 그 말씀을 좀 드리고자 합니다.

제가 1990년에 제천지청장을 하다가 울산지청 1부장으로 발령이

났습니다.

저는 어차피 공안을 하던 사람이라 울산이 공안청으로 알려져 있어서 내가 공안청으로 발령이 났나보다 생각했어요. 그래 주변에다가 울산으로 부임하게 됐다고 인사를 다니니까, 아, 전부 야릇한 눈빛으로 저를 쳐다보는 거예요.

좋은 데 가신다고… 그 좋은 데라는 게 그게 무슨 검찰 경력으로 좋은 데가 아니고, 그쪽에 특히 현대그룹이 있기 때문에 대접을 잘받고 용돈도 많이 생길 것이라는 취지로 그러는 것 같더라고요.

그래서, 야 이게 지금 보통 문제가 아니구나, 하는 생각이 들더라구요.

아니 검사가 발령을 받는데, 돈이 많이 생긴다고 좋은 데라면 이건 곤란하지 않느냐. 그래서 제가 울산지청에 부임했을 때 그 당시 지청장이 최병국 지청장이었어요. 나중에 국회의원도 한 분이죠.

또 그 당시 2부장이 홍석조라고 지금 CU인가 하는 우리나라 최대 편의점 회장이지요.

그래서 제가 첫날 내려가서 얘기를 했습니다. 아니 내가 발령을 받아서 울산에 오려고 그러니까, 주변 사람들이 하여튼 뭐 다 좋은 데 간다고 하면서 야릇한 표정을 지으면서 말한다고 그랬죠.

이게 보통 문제가 아닌 것 같다는 생각으로, "우리가 여기서 적당히 깨끗이 해가지고는 그 오명을 벗을 수 없을 것 같다. 우리가 좀 유난을 떨어야 될 필요가 있을 것 같다."고 말씀드렸죠.

최병국 지청장이나 홍석조 부장이나 틀림없이 깨끗한 분들이기 때문에 적극적으로 동조를 하고, 그래서 제가 가면서부터는 일체 기업이나 이런 데하고 회식이라든지 무슨 축하연이라든지 이런 것에 전혀 응

하지 않았습니다.

처음에는 보니까 현대그룹에 검찰청을 관리하는 사람이 있더라구요.

무슨 부장이라는 사람이 쫓아다녀도 일체 거기에 응하지 않으니까, 그 다음에는 담당자가 이사로 바뀌더라구요.

우리가 사람을 무시해서가 아니기 때문에 부장을 안 만나고, 또 이사가 와도 똑같으니까 그 다음에는 상무가 와도 뭐 달라질 건 하나도 없죠.

그런데 울산은 공해가 심한 곳입니다. 그래서 공해 신고 같은 게 들어오면 아주 단호하게 처리를 했습니다.

그 당시 현대그룹의 5개 사업체 공장장을 다 구속을 한 거죠.

그랬더니 나중에 공장장을 하겠다는 사람이 없어서 공장장 명칭을 생산담당 이사라고 바꾸는 해프닝도 있었어요. 뭐 그럴 정도로 사업자 측에 대해 엄격히 사법처리를 했습니다.

그런데 마침 그 무렵 현대자동차에서 노조 불법 파업이 있었던 겁니다.

그때도 우리가 경영자 측이나 노조 측이나 똑같이 법률에 따라서 단호하게 처리를 했죠.

불법 파업은 도저히 용서 못한다 해서 노조 간부 한 20여 명을 한꺼번에 다 구속했는데, 만일 노조에서 우리 검찰청이 기업주 편을 든다고 생각을 했으면 뭐 난리가 났을 겁니다. 워낙 우리가 현대그룹 기업에 대해서도 단호하게 처리를 했기 때문에, 사정당국이 기업 편을 들어서 노조를 탄압한다는 생각을 아무도 안 한 겁니다.

그래서 아무도 반발하지 않으면서 지나갔고, 그렇게 한 덕분에 그 당시에 정주영 회장이 국민당인가 뭐 만들지 않았어요.

그래가지고 울산에 선거본부가 개설되었는데, 검찰은 이미 1년 전부터 깔끔하게 돼 있었기 때문에 검찰로서는 문제가 없는데, 경찰 같은 데는 평소에 교류가 많이 있었을 거 아닙니까? 선거사무실 앞에다가 불법 주차를 해서 경찰이 주차 좀 잘하라고 단속하려면, 그 선거사무소에서 "당신네들 정말 이럴 거야"하며 불평을 해도 말조차 못하고 봐주는 경우가 있어 경찰서나 세무서나 뭐 이런 데는 다 조직 개편이 있었습니다.

왜냐하면 그쪽하고 안면이 워낙 잘 트여 있기 때문에, 제대로 선거사범 단속을 할 수가 없었지만 검찰은 워낙 엄격하게 해놔서 아무런 변동 없이 그대로 해낸 경험이 있습니다.

제가 말씀드리는 취지는 단속하는 측에서, 정부든지 경찰이든지 아니 노동부든지 검찰이든지 누구를 편파적으로 탄압을 한다든지 편파적으로 봐준다든지 그러면 그다음에 일 처리가 아주 복잡해진다는 것입니다.

그래서 법대로, 원칙대로 하여 "저 검찰은 기업 측에도 법대로 하고, 우리 노조에도 법대로 한다." 그런 생각이 들게 만들면, 아무 문제 없이 노동 문제를 해결할 수 있을 것이라고 말씀을 드립니다.

과연, 누가 공산주의자인가

1쇄 발행   2023년 12월 6일
3쇄 발행   2024년 2월 2일

지은이   고영주
펴낸이   이석우
편집   이종복
펴낸곳   자유민주아카데미
        서울시 마포구 큰우물로75 성지빌딩 405호
        대표전화   02-717-1948 팩스 070-4185-7319
        홈페이지 www.korea21.kr

출판등록   2022년 8월 1일 (제2022-000208호)
진행   디자인·제작 (주)하양인 (02)6013-5383

© 고영주, 2023
ISBN   979-11-979721-6-4 (03300)